Dietz Berlin

ÖFFENTLICHER LUXUS

communia & BUNDjugend (Hrsg.)

Dietz Berlin

Inhalt

Mit Öffent Luxus gegen den Alles-fresser

Vorwort

von Nancy Fraser

lichem

Wir neigen dazu, den Kapitalismus ausschließlich als Wirtschaftssystem zu verstehen. Das bedeutet, dass wir nur die Beziehungen und Aktivitäten in den Blick nehmen, die von Geld bestimmt sind: den profitorientierten Bereich. Tatsächlich könnte dieser Sektor aber nicht existieren, würde er nicht ständig anderen Lebensbereichen Ressourcen entziehen, die außerhalb dessen liegen, was üblicherweise als »Wirtschaft« bezeichnet wird. Es sind insbesondere vier Bereiche, von denen der Kapitalismus abhängt und lebt: Care und soziale Reproduktion, Natur, Arbeit sowie Politik und Öffentlichkeit.

Der Bereich Care und Reproduktion umfasst meist unbezahlte Tätigkeiten, die bezahlte Arbeitskraft erst herstellen und sie erhalten. Kapitalist*innen könnten keine Arbeiter*innen für sich arbeiten lassen, wenn diese nicht von anderen Menschen ver- und umsorgt würden. Diese (Wieder-)Herstellung der Arbeitskraft geschieht sowohl ständig und alltäglich als auch generationenübergreifend. Dazu gehören die Ernährung, Erziehung und (Aus-)Bildung von Kindern und Jugendlichen zu zukünftigen Arbeitskräften, aber auch die Erhaltung der eigenen Arbeitskraft und die anderer sowie die Fürsorge für ältere und andere unterstützungsbedürftige Menschen. Sorgearbeit ist eine wesentliche »nicht-ökonomische« Voraussetzung für die kapitalistische Wirtschaft. Sie ist Teil des Kapitalismus, auch wenn sie nicht als Teil der Wirtschaft anerkannt wird. Dieser Unterschied zeichnet sie aus.

Das Gleiche gilt für die Natur. Ohne Rohstoffe, ohne Energie und ohne eine ganze Reihe weiterer Rahmenbedingungen wie etwa saubere Luft, Trinkwasser, fruchtbare Böden, ein Klima, das die Erde für Menschen weiterhin bewohnbar macht, usw. kann es keine profitable Produktion geben. Die Natur ist ein weiterer Bereich, der im Wesentlichen außerhalb der formellen, geldförmigen Wirtschaft liegt. Aber zugleich ist sie ein Bereich, dem Reichtum entzogen und dem »produktiven« Sektor zugeführt wird, um Profit zu machen. Das Abschöpfen und Verwerten von Ressourcen aus der Natur ermöglichen und bedingen den Kapitalismus.

Drittens war die kapitalistische Wirtschaft schon immer auf unfreie, teils freie oder abhängige Arbeit angewiesen, die insbesondere von rassifizierten Menschen im sogenannten Globalen Süden und von Angehörigen von Minderheiten in den industrialisierten, kapitalistischen Ländern des Zentrums erzwungen wird. Diese Menschen haben wenige bis keine einklagbaren Rechte: Sie haben oft kaum die Möglichkeit, staatlichen Schutz einzufordern, sodass es für sie sehr viel schwieriger ist, Kontrolle über ihr Leben zu haben und über das, was ihnen angetan wird. Sie müssen für weniger arbeiten, als sie für ihren Lebensunterhalt oder ihre eigene Reproduktion benötigen. Es handelt sich hier also nicht um ausgebeutete Lohnarbeit im Sinne von Marx, sondern um regelrecht enteignete, unfreie Arbeit.

Der vierte und letzte »nicht-ökonomische« Bereich, aus dem sich der Kapitalismus speist und auf den er angewiesen ist, ist der öffentliche und politische Raum. Eine kapitalistische

Wirtschaft kann ohne politische Gestaltung, etwa mit Mitteln staatlicher Macht, nicht funktionieren. Öffentliche Institutionen, die die Infrastruktur aufrechterhalten und für Recht und Ordnung sorgen, repressive Kräfte, Rechtssysteme, die Streitigkeiten schlichten sowie Privateigentum und öffentliche Güter garantieren, aber auch Gesundheits- und Wohnraumversorgung: All dies sind Güter und Dienstleistungen, die der Markt selbst nicht bereitstellen kann. Beim öffentlichen Sektor handelt es sich also um eine weitere der notwendigen außerökonomischen Stützen des kapitalistischen Wirtschaftssystems.

Der Kapitalismus ist demnach ein System, das gewinnorientierte Wirtschaftsakteure wie Investor*innen, Großkonzerne und Unternehmer*innen dazu ermächtigt, ja, dazu einlädt, sich an der schlecht oder gar nicht bezahlten und stark vergeschlechtlichten Care-Arbeit, der Arbeit von rassifizierten Menschen, der Natur und den Leistungen des öffentlichen Sektors zu bereichern. Daher lässt sich die Wirtschaft nicht aus sich selbst heraus verstehen, sondern muss stets im Zusammenhang mit diesen »nicht-ökonomischen Bereichen« betrachtet werden. Sie ist dazu getrieben, diese systematisch zu kannibalisieren, um sich selbst aufrechtzuerhalten. Damit zerstört der Kapitalismus jedoch seine eigenen Grundlagen.

Im Kapitalismus überschneiden sich verschiedene Formen der Herrschaft mit institutionalisierter Ungerechtigkeit und Unfreiheit. Dazu gehört nicht nur die Ausbeutung freier, weißer, männlicher Fabrikarbeiter, die die Arbeiter*innenbewegung immer als das große Unrecht des Kapitalismus angesehen hat. An der Richtigkeit des Kampfes dagegen besteht kein Zweifel, aber es gibt eben auch anderes Unrecht, das mit kapitalistischer Ausbeutung einhergeht und untrennbar damit verbunden ist. Die Tendenz zu ökologischen Krisen, zu geschlechtsspezifischer Asymmetrie und zur Beherrschung von Frauen und queeren Menschen, zu rassistischer und imperialistischer Unterdrückung sowie zu politischen Krisen und politischer Unfreiheit ist dem Kapitalismus inhärent. Kapitalismus kann nie vollständig demokratisch sein. Er beruht darauf, die Stimmen der Vielen in der politischen Sphäre zu schwächen und diese zu entmachten, um die öffentliche Sphäre – Gesetzgebung, Rechtsstaat, öffentliche Dienste usw. – für das Kapital instrumentalisieren zu können.

Fünf Grenzkämpfe im Kapitalismus

In unserer kapitalistisch strukturierten Gesellschaft gibt es zahlreiche Konfliktlinien und Kampfschauplätze. Dabei handelt es sich nicht nur um Kämpfe zwischen Arbeit und Kapital an den Orten der Produktion, obwohl diese zweifellos wichtig sind. Neben dem Antagonismus zwischen Arbeit und Kapital lassen sich weitere Grenzkämpfe identifizieren, die zwischen der Wirtschaft auf der einen Seite und Care, Natur, rassifizierter Arbeit und imperialistischer Ausbeutung sowie dem politischen Raum auf der anderen Seite verlaufen.

Wo die Trennlinien zwischen Staat und Markt gezogen werden, zwischen dem, was öffentlich, und dem, was privat ist, zwischen dem Überschuss, der den wenigen Profiteur*innen überlassen wird, und dem, was in öffentliche Infrastruktur investiert wird, ist Gegenstand andauernder Machtkämpfe und ändert sich ständig. Dies ist eine zentrale Konfliktlinie in der kapitalistischen Gesellschaft, und die Geschichte der kapitalistischen Gesellschaft ist geprägt von Kämpfen um die Verschiebung dieser Grenzen.

Genauso bildet das Spannungsverhältnis zwischen Familie und Fabrik, Produktion und Reproduktion eine solche Konfliktlinie: Wo soll hier die Grenze gezogen werden? Wollen wir in einer Welt leben, in der die Reproduktionsarbeit immer mehr zur Ware und damit zu einem gewinnbringenden Geschäft wird? Wie organisieren wir Care gerecht und emanzipatorisch? Wie könnte ein Modell aussehen, das mit den intensiven und fürsorglichen zwischenmenschlichen Beziehungen, wie wir sie uns wünschen, vereinbar ist?

Imperialismus und rassistische Unterdrückung und Ausbeutung sind seit jeher ein ebenso wichtiges Konfliktfeld. Dabei geht es unter anderem um die Grenzziehungen zwischen »lediglich ausgebeuteter Arbeit« und »enteigneter Arbeit«. Erstere wird von freien Arbeiter*innen ausgeübt, die Löhne erhalten, die ihren Lebenserhalt sichern, auch wenn sich das Kapital den Mehrwert ihrer Arbeit aneignet. Letztere wird von unfreien oder halbfreien Arbeiter*innen geleistet, deren Löhne, wenn sie überhaupt welche erhalten, weit unter ihren Reproduktionskosten liegen. Auch das ist ein riesiges Konfliktfeld, in dem Menschen verzweifelt versuchen, bezahlte, also ausgebeutete, Arbeit zu finden, statt in unfreien Abhängigkeitsverhältnissen zu bleiben. Gleichzeitig gibt es jene, die in der Vergangenheit »nur Ausgebeutete« waren und nun wieder in die Realität der Enteignung hineingezogen werden. Im Zuge neoliberaler Sparmaßnahmen sinken ihre Löhne immer weiter, was sie in die Verschuldung treibt. Im Zusammenhang mit dieser Abwärtsspirale können wir sehr komplexe und oftmals reaktionäre politische Antworten beobachten. Die extreme Rechte nutzt das Leiden von Menschen aus.

Auch das Verhältnis zwischen wirtschaftlicher Entwicklung einerseits und der Natur andererseits ist eine schwer umkämpfte Grenzlinie im Kapitalismus. Wir beobachten eine ganze Reihe von Krisen, die sich aus diesem Konflikt ergeben: die Zerstörung von Wäldern, die Vertreibung von Menschen durch Dürren und Überschwemmungen, der Anstieg des Meeresspiegels, Waldbrände und verheerende Stürme sowie Epidemien wie die Corona-Pandemie, die mit der Klimakrise zusammenhängen.

Diese Grenzkämpfe müssen wir in unserem Verständnis von Kapitalismus berücksichtigen. Diejenigen, die sich traditionell mit der systematischen Unterdrückung im Kapitalismus befassen, haben sich zu sehr auf die ausbeuterische Lohnarbeit in den Fabriken konzentriert und dabei das größere Bild außer Acht gelassen. Diejenigen wiederum, die sich auf die anderen Bereiche konzentrieren, haben es ihrerseits versäumt, sie auf eine analytisch befriedigende Weise mit dem Kapitalismus in Verbindung zu bringen. Mit dem Konzept des »kannibalischen Kapitalismus« versuche ich, beiden Anforderungen gerecht zu werden.

Grenzkämpfe verstehen und verbinden

Die dringlichste Frage, die sich sozialen Bewegungen, politischen Parteien, Gewerkschaften und allen emanzipatorischen gesellschaftlichen Kräften stellt, ist: Wie können wir ein Transformationsprojekt entwickeln, das diese verschiedenen Grenzkämpfe miteinander verbindet? Wie kommen wir zu Strategien und Bündnissen, die Kämpfe und Interessen rund um Arbeit, Care, Natur, Antirassismus und öffentliche Infrastruktur zusammendenken und zusammenführen?

Das Leid, das der Kapitalismus in seiner heutigen Ausprägung verursacht, ist extrem und zugleich sehr vielfältig. Nicht alle erleben es auf die gleiche Art und Weise. Für manche haben Forderungen nach angemessenen Löhnen, die Sicherung von Arbeitsplätzen oder überhaupt der Zugang zu bezahlter, wenn auch ausgebeuteter Arbeit die höchste Priorität. Für andere besteht die existenzielle Bedrohung darin, dass sie jedes Jahr aus ihrem Haus geflutet werden können oder dass die Insel, auf der sie leben, in naher Zukunft untergehen wird. Für andere wiederum, etwa für viele Bewohner*innen US-amerikanischer Städte, gehört zur Lebensrealität die Angst davor, jederzeit von einer militarisierten Polizei auf offener Straße niedergeschossen werden zu können, oder dabei zusehen zu müssen, wie die eigenen Kinder auf diese Weise getötet werden. Andere wieder, die mehreren Jobs nachgehen müssen, nur um die Familie zu ernähren, quält die Existenzangst und die Sorge, nicht ausreichend Zeit zu haben, um sich um die eigenen Kinder, andere Menschen und sich selbst kümmern zu können.

Das sind alles höchst dringende Anliegen. Es ergibt absolut keinen Sinn, sie gegeneinander aufzuwiegen oder zu behaupten, dass ein Thema Vorrang gegenüber anderen haben sollte. Wir haben es im Moment mit vielfältigen sozialen Kämpfen zu tun, in denen viel in Bewegung ist. Viele Menschen engagieren und organisieren sich, aber viele eben auch nur in Bezug auf einen Bereich, der sich für sie selbst am krisenhaftesten darstellt. Es fehlt oftmals der Blick und das Verständnis für die Verbindungen zu anderen Kämpfen mit anderen Schwerpunkten, die für andere Menschen eine genauso hohe Dringlichkeit haben. Tatsache ist aber, dass kein Thema und keine Gruppe allein auch nur annähernd stark genug ist oder sein kann, um die Gesellschaft an ihren Wurzeln, das heißt grundsätzlich, zu verändern. Die einzige Hoffnung auf einen gesellschaftlichen Wandel, der den kannibalischen Kapitalismus an der Wurzel packt und überwindet, ist ein breites und starkes Bündnis: eine Allianz entlang aller beschriebenen Grenzkämpfe. In dieser Allianz dürfen die unterschiedlichen Kräfte allerdings nicht untergehen. Sie sind nicht alle genau gleich, jede ist anders aufgestellt und hat andere Prioritäten. Und doch sind sie miteinander verbunden, allein aufgrund der Tatsache, dass es ein und dasselbe soziale und wirtschaftliche System ist, das den von ihnen konfrontierten Krisen zugrunde liegt.

Ein erster Schritt zur Bildung solcher Allianzen besteht darin, eine Landkarte zu zeichnen, auf der sich die Menschen mit ihren unterschiedlichen Ausgangslagen und Prioritäten selbst verorten können und Klarheit über ihre Beziehungen zu anderen erhalten. Anhand einer solchen Karte können wir erkennen, wer potenzielle Verbündete und wer gemeinsame Gegner*innen sind. Für Klimaaktivist*innen stellt sich beispielsweise die Frage: Sollten wir uns mit den Kräften verbünden, die den grünen Kapitalismus unterstützen, oder sollten wir uns mit den Gewerkschaften verbünden, die befürchten, dass die Energiewende den Verlust der Arbeitsplätze ihrer Mitglieder bedeutet? Wenn wir zu der Überzeugung gelangen, dass Letztere die wahren Verbündeten sind: Wie kann ein politischer Kampf aussehen, der den Arbeiter*innen und dem Klima zugutekommt?

Wenn wir keine neue gesellschaftliche Realität schaffen, die eine gänzlich andere Art zu leben vorsieht, sind wir verloren. Alles muss sich ändern: Wir brauchen andere Beziehungen zwischen Wirtschaft und Gesellschaft, zwischen Produktion und Reproduktion, andere Beziehungen zur Natur, andere Formen von öffentlichen Gütern und der Organisation von Care.

Die aktuelle Gesellschaftsstruktur ist so dysfunktional, so widersprüchlich, dass sie ihre eigenen Bedingungen der Möglichkeit auffrisst und dabei viele von uns lebendig zermalmt. Die einzige Hoffnung besteht darin, groß zu denken, im Sinne einer umfassenden Transformation. Das ist eine durchaus beängstigende Aussicht. Wenn wir uns für eine solch große Vision einsetzen, brauchen wir die Gewissheit, dass wir nicht allein sind. Wir müssen uns sicher sein, dass wir in unserem Kampf viele Verbündete haben und dass es viele Menschen gibt, die uns den Rücken stärken. Der erste Schritt besteht darin, sich Klarheit darüber zu verschaffen, was das zu überwindende System ausmacht und wie es all diese schrecklichen Zustände hervorbringt. Denn dann wird offenkundig, dass all den unterschiedlichen sozialen Bewegungen und Kräften nichts anderes übrig bleibt, als sich zusammenzuschließen und dieses System gemeinsam zu bekämpfen.

Wohlstand aneignen für Öffentlichen Luxus

Der Kern des kapitalistischen Wirtschafts- und Gesellschaftssystems ist die private Aneignung des gesellschaftlichen Überschusses durch das Kapital. Alle Energien, alle Produkte, alle Technologien, all diese »Produktivkräfte«, die unsere Gesellschaft über die Jahrhunderte und in globaler Ausdehnung hervorgebracht hat, befinden sich in den Händen von Großinvestor*innen, von Finanzinstituten, von oligarchischen Konzernen, die sich einzig und allein ihren Aktionär*innen gegenüber zu verantworten haben. Dieses System versieht sie allein mit der Verfügungsgewalt über all diesen Reichtum, den kollektiven Wohlstand, den die Vielen geschaffen haben. Dieser Reichtum wurde durch die Ausbeutung von Arbeit, Natur, Care, rassifizierten Menschen und öffentlichen Dienstleistungen erzeugt und durch bestimmte politische Rahmensetzungen ermöglicht. Doch diese wenigen Wirtschaftsakteur*innen verteilen und (re-)investieren ihn so, dass sie die höchste Rendite erzielen und somit immer mehr Profit machen können. Ein aberwitziges Prinzip, um den Kurs der gesellschaftlichen Entwicklung zu lenken. Weil sie mit solcher Macht ausgestattet sind, gibt es keinen Anreiz für sie, den Schaden, den sie anrichten, wenn sie sich den Reichtum der Natur aneignen, zu reparieren oder zu kompensieren, oder die Sorgearbeit, auf die sie angewiesen sind und die von Familienmitgliedern und Gemeinschaften geleistet wird, zu entlohnen oder anderweitig anzuerkennen.

Auch deshalb tun sie alles Erdenkliche, um Steuerzahlungen zu vermeiden. Sie verlagern ihre Geschäfte ins Ausland oder üben Druck auf politische Parteien aus, damit diese ihre Steuern nicht erhöhen. Es ist diese private Aneignung von Überschüssen durch das Kapital, die eine gerechte Verteilung des gesellschaftlich erzeugten Reichtums verhindert. Eine auf diesem kollektiv geschaffenen Reichtum aufbauende Wirtschaft könnte das Leben der Vielen tatsächlich besser machen. Eine Befriedigung der Grundbedürfnisse aller wird aber nur zu erreichen sein, wenn sich endlich die Erkenntnis durchsetzt, dass dieser gesellschaftliche Überschuss kollektiver Reichtum ist, sodass wir das Recht haben, über ihn auf der Grundlage demokratischer Entscheidungen auch kollektiv zu verfügen.

Die Aneignung dieses sozialen Überschusses, die Rückgabe und -übertragung von dem, was uns allen gehört, um die Bedürfnisse aller zu befriedigen, hat als soziales und politisches Projekt das Potenzial, die vielfältigen sozialen Bewegungen und Kämpfe zu vereinen. Ein solches Projekt kann tatsächlich den Vielen zugutekommen, mit ihm kann auch verhindert werden, dass Fortschritte in einem Bereich auf Kosten anderer

Bereiche erfolgen. Nehmen wir den gezielt geschürten Konflikt zwischen Gewerkschaften und der Klimagerechtigkeitsbewegung als Beispiel. Hier wird so getan, als handele es sich um ein Nullsummenspiel: Man könne nicht gleichzeitig wirtschaftliche Entwicklung und sichere Arbeitsplätze haben und zudem den Planeten retten wollen. Beides auf einmal ginge nicht. Der Interessenkonflikt erscheint vor allem deswegen als kaum überwindbar, weil wir ebendiesen riesigen Reichtum nicht in Rechnung stellen, ihn ignorieren. Wir nehmen es einfach hin, dass die Banken, Silicon-Valley-Unternehmen und die Kryptowährungsspekulant*innen mit ihrem Vermögen und ihren Unmengen an Geld ihre Spielchen spielen, in die wir uns nicht einmischen dürfen. Aber dieses Geld gehört ihnen nicht. Es ist unseres. Und wir müssen Zugang dazu erhalten und darüber verfügen können, wenn wir in der Lage sein wollen, Öffentlichen Luxus für alle zu schaffen.

Die Vergesellschaftung des sozialen Überschusses ist die Art und Weise, wie wir an die Mittel gelangen, um Öffentlichen Luxus zu finanzieren. So finanzieren wir die dringend benötigte Energiewende. So bezahlen wir die Reparaturarbeiten an den zahlreich verwüsteten Orten und in den vielen toten Zonen auf der ganzen Erde. Sie ermöglichen uns die Versorgung und Entschädigung von Geflüchteten und Reparationen für koloniale Verbrechen. Wenn wir diesen Reichtum, diesen sozialen Überschuss, den das private Kapital uns allen geraubt hat, nicht in die Hände bekommen, haben wir keine Chance.

Im Kapitalismus haben mächtige Wirtschaftsakteur*innen strukturelle Anreize, die Quellen ihres Reichtums zu kannibalisieren. Jede Reform, jeder Versuch neuer Grenzziehungen, der die Wurzel dieses Übels und dieses Systems unangetastet lässt, ändert nichts an unserem Grundproblem. Verschiebungen der Grenzen zwischen der Wirtschaft auf der einen und der Natur, Care, rassifizierter Arbeit und der Sphäre des Öffentlichen auf der anderen Seite mögen für manche Erleichterungen bringen und einige Aspekte ihres Lebens verbessern. In der Regel geht damit aber zugleich eine unmittelbare Verschlechterung der materiellen Bedingungen anderer einher. So waren einige der »besser« gezogenen Grenzen in der Nachkriegszeit mit großen Ungerechtigkeiten verbunden: So hat sich die Sozialdemokratie mit ihrem Wohlfahrtsmodell in den reichen Ländern in hohem Maße auf den Verbrennungsmotor, die Schwerindustrie, Extraktivismus, patriarchalische Machtstrukturen, Rassismus und Imperialismus gestützt. Wenn die Grenzen verschoben werden, ohne das ganze Bild im Blick zu haben, dann werden die Verhältnisse für einige Menschen besser werden, für die Natur und/oder für andere Menschen aber schlechter. Erst wenn wir das Kapital als die Kraft, die unsere Gesellschaft beherrscht und bestimmt, tatsächlich in seine Schranken weisen, können wir diesen Widerspruch auflösen und eine wirklich demokratische Wirtschaft schaffen.

Momentan sind wir noch an einem anderen Punkt. Momentan entscheiden noch andere über die Verwendung unseres kollektiven Reichtums. Verzweifelt bemühen wir uns, hier und dort ein paar Kleinigkeiten durchzusetzen. Aber das tiefere Problem lösen wir damit nicht. Erst wenn es uns gelingt, die Kontrolle über die Wirtschaft, insbesondere über die Produktivkräfte, zu erlangen, werden wir – zum ersten Mal in der Geschichte der Menschheit – selbst in der Lage sein, die Grenzen zwischen Wirtschaft und nicht-ökonomischen Bereichen zu bestimmen. Erst dann können wir tatsächlich die Frage stellen, was ein gutes Leben für alle bedeutet. Die Vergesellschaftung des sozialen Überschusses, die Wiederaneignung unseres gemeinsamen Reichtums, um Öffentlichen Luxus für alle zu schaffen, bedarf einer Entmachtung des Kapitals zugunsten einer demokratischen Wirtschaft. Sie muss daher im Mittelpunkt einer gesellschaftlichen Transformation stehen, die unterschiedliche, aber untrennbar miteinander verbundene Kämpfe vereint.

Übersetzt aus dem Englischen von Vincent Janz und Lukas Warning.

ÖFFENTLICHER LUXUS:

Eine verheißungs-volle Zukunft

Einleitung **von communia***)

*) *Lemon Banhierl, Justus Henze, Vincent Janz, Lukas Warning, Maximilian Wilken*

Die Klimakrise ist am Durchdrehen. Ohne Unterlass prasseln die Nachrichten auf uns ein, die eines klarmachen: Ohne dass sich schnell alles ändert, ist die Erderwärmung nicht auf 1,5 Grad zu begrenzen. Ein Kipppunkt nach dem anderen wird in den nächsten Jahren überschritten, teils geschieht es schon. Alles geht schneller als gedacht, inzwischen ist nicht mehr die Frage, ob sich die Klimakrise noch verhindern lässt, sondern wie schlimm sie – für wen und wo – werden wird und ob und wie eine Eindämmung gelingen kann.

Während Regierungen und Unternehmen damit beschäftigt sind, ihre Klimaziele zu verschieben oder ihre Bilanzen grün zu färben, weil sie sogar ihre selbstgesetzten Ziele Jahr für Jahr verfehlen, bemühen sich andere angesichts der dramatischen Situation um echte Veränderung, ambitioniertere Ziele und fordern entschlossenere Maßnahmen, die notwendig sind, um diese zu erreichen. Gegen die Gewinnung und Nutzung fossiler Energien wird rund um den Globus protestiert. Auch bei uns, besonders eindrücklich Anfang 2023 im Rheinland gegen die

Zerstörung des kleinen Dorfes Lützerath und den Abbau der Kohle darunter.

In Berlin, Deutschlands Hauptstadt der direkten Demokratie, versuchten Aktivist*innen, die Regierung qua Volksentscheid zu ambitionierteren Klimazielen zu verpflichten. Statt 2045 sollte Berlin schon 2030 klimaneutral werden. Angesichts der Dynamik der Klimakrise eigentlich eine Forderung, die keine größeren Kontroversen auslösen dürfte. Dennoch erreichte die Initiative nur knapp die nötige Zahl der Unterschriften, um als Volksentscheid zugelassen zu werden. Noch mehr irritierte dann das Ergebnis der Abstimmung im März 2023: Der Volksentscheid scheiterte zwar daran, dass gemessen an der Zahl der Abstimmungsberechtigten nicht genug Ja-Stimmen abgegeben wurden, und nicht daran, dass eine Mehrheit dagegen gestimmt hätte. Dennoch war erstaunlich, dass sich fast die Hälfte der Abstimmenden gegen den Volksentscheid aussprach, in den Außenbezirken sogar die Mehrheit. Fast eine halbe Million Berliner*innen haben – obwohl der Termin nicht mit einer Bundes- oder Landtagswahl zusammenfiel – den Weg ins Wahllokal auf sich genommen, um gegen »mehr Klimaschutz« zu stimmen. Noch interessanter wird das Ergebnis, wenn man es mit dem des Volksentscheids zur Vergesellschaftung großer Immobilienkonzerne (initiiert von »Deutsche Wohnen & Co. enteignen«) eineinhalb Jahre zuvor vergleicht: Eine überwiegende Mehrheit der Berliner*innen in den Innen- und Außenbezirken stimmte damals für die Vergesellschaftung. Während Klimaschutz dank sozialer Bewegungen in den letzten Jahren in Deutschland fast zur Konsensposition im politischen Diskurs geworden ist – auch wenn dem bislang selten entsprechende Taten folgen – und vor Kurzem noch Millionen dem Ruf von Fridays for Future auf die Straßen folgten, war Vergesellschaftung oder gar Enteignung bis vor wenigen Jahren noch ein Wort, das in der Öffentlichkeit kaum jemand in den Mund zu nehmen wagte.

Wieso stimmten dann so viele gegen den Klima-Volksentscheid? Wieso also war eine deutlich breitere Mehrheit für die Vergesellschaftung? Es ist doch im Interesse aller, dass Klimaneutralität so schnell wie möglich erreicht wird, heißt es oft. Vielleicht haben viele Menschen jedoch eher ihre kurzfristigeren materiellen Interessen im Blick. Und die Menschen, die gegen den Klima-Volksentscheid gestimmt haben, wissen, dass eine ökologische Transformation aktuell auf ihre Kosten gehen würde, weil sie nicht zugleich eine soziale wäre. Bei der energetischen Modernisierung von Gebäuden etwa merken viele schon lange, dass die Kosten für klimafreundliches Heizen nicht von den Vermieter*innen getragen werden, sondern zulasten der Mieter*innen gehen, die ohnehin schon mit ständig steigenden Mieten zu kämpfen haben. Sie haben erfahren, dass viele Vermieter*innen die Möglichkeit zur Umlage der Modernisierungskosten auf die Bewohner*innen dazu nutzen, auch völlig unnötige Modernisierungsmaßnahmen vorzunehmen, nur um danach die Mieten erhöhen zu können. Dagegen wehren sie sich vielerorts. Zu Recht.

Vielen Menschen ist bewusst, dass nicht die Reichen bezahlen werden, wenn es um die Kosten für den Umbau hin zur Klimaneutralität geht. Eher wird Haushalten der Strom abgestellt, im Sommer das Wasser rationiert oder das öffentliche Schwimmbad wegen der Gaskrise nicht mehr beheizt, als dass Reiche auf ihre Privatflieger oder Pools verzichten müssen, Golfplätze nicht mehr bewässert werden oder die Produktion unnötiger SUVs gedrosselt wird. Solange soziale und ökologische Interessen gegeneinanderstehen, ist es nicht verwunderlich, dass die Motivation für einen schnelleren Umbau hin zur Klimaneutralität bei vielen Menschen gering ist. Der Klima-Volksentscheid in Berlin hat sich nur auf die Klimaziele fokussiert. Die sozialen Fragen, die damit verbunden sind, wurden kaum adressiert. Bei dem Volksentscheid zur Vergesellschaftung ging es dagegen um etwas, das ganz nah an den alltäglichen ökonomischen Sorgen der Menschen ansetzt: den

Reichen etwas wegzunehmen und unabhängig vom Willen der Konzerne eine bezahlbare Wohnraumversorgung sicherzustellen.

Wenn Klimaschutz vor allem Verzicht bedeutet, gibt es bei vielen, die sowieso schon nicht viel haben, keinen Grund, für diesen zu kämpfen. Es ist klar, dass es eine ökologische Transformation ohne Verluste nicht geben wird, sondern sie mit Verteilungsfragen verbunden ist: Wer bezahlt wofür? Was wird verboten, was bleibt erlaubt? Werden grüne Technologien so eingesetzt, dass sie für alle nutzbar sind, oder bleiben sie einigen wenigen vorbehalten, die es sich leisten können? Die Idee des grünen Kapitalismus, der ökologisch unproblematischen Reichtum für alle bereitstellt, verfängt nicht. Aber auch eine politische Alternative, die Klimaschutz und ökonomische Umverteilung glaubhaft verbinden würde, fehlt. Dieses Fehlen treibt viele Menschen in die Arme rechter Parteien, die weiterhin der fossilen Vergangenheit anhängen und bei denen sie zumindest hoffen können, dass sich möglichst wenig verändert, solange sie die Augen vor der Zukunft verschließen.

Was hat Politik uns auf einem sterbenden Planeten noch anzubieten? Von wem erwarten wir Einsatz für eine Zukunft, wenn die Vergangenheit als die verheißungsvollere Alternative erscheint? Wenn Zukunft nur bedeutet, dass entweder alles schwieriger wird, weil ich mein Auto nicht mehr fahren kann, aber kein gutes öffentliches Verkehrssystem zur Verfügung steht, oder dass alles schwieriger wird, weil ich zwar noch Auto fahren darf, dafür aber im Sommer das Wasser knapp wird, wenn sich nur noch hoffen lässt, dass sich vielleicht noch manchmal kleine soziale Zugeständnisse erkämpfen lassen, dass das Geld gerade so bis zum Ende des Monats reicht, dass bloß noch wenige Jahre in verhältnismäßiger materieller Sicherheit – und auch nur im Globalen Norden – bleiben, dann hat Zukunft ihre Verheißung verloren. Was uns fehlt, ist eine Vision von Zukunft, in der wir leben wollen. Was uns fehlt, ist ein politisches Projekt, das uns abholt und begeistert.

Begeistert für eine große gesellschaftliche Veränderung, nicht nur, damit es nicht schlimmer wird, sondern weil es etwas zu gewinnen gibt. Eine solche Zukunft ist möglich, wenn wir unsere begrenzten Ressourcen nicht mehr in SUVs, Privatjets und Luxusneubauten, sondern in Care-Zentren, lebenswerte Innenstädte und bedingungslose Grundversorgung mit essenziellen Gütern investieren. Wenn wir Öffentlichen Luxus statt privaten Überfluss schaffen, dann würde die Transformation für die allermeisten nicht Verzicht, sondern ein Mehr an ökonomischer Sicherheit, Zeit und Freiheit bedeuten. Was uns fehlt, ist eine Perspektive, die Lust, die Hoffnung macht, dass Zukunft nicht nur anders – ökologisch – wird, sondern auch besser: freier, gerechter, schöner!

Eine konkrete Antwort auf den neoliberalen Finanzkapitalismus

Öffentlicher Luxus ist nicht einfach nur eine Utopie oder ein Narrativ, sondern ein konkreter Gegenentwurf, der ökonomische Sicherheit für alle schaffen will und neue Horizonte politischen Handelns eröffnet: die Möglichkeiten der kollektiven, demokratischen Gestaltung von Wirtschaft und Gesellschaft. Solche Horizonte sind in den letzten Jahrzehnten mit der als alternativlos propagierten Ökonomisierung weiter Teile des gesellschaftlichen Lebens und der Privatisierung öffentlicher Güter verloren gegangen. Der damit einhergehende Abbau von Sozialsystemen und kostengünstiger Grundversorgung mit Wohnraum, Energie, Lebensmitteln und vielem mehr hat für den Großteil der Gesellschaft zu steigender ökonomischer Unsicherheit geführt.

Etwa seit den 1980er-Jahren, spätestens seit Ende der Systemkonkurrenz zwischen autoritärem Staatssozialismus und Kapitalismus, ist der neoliberale Kapitalismus die dominante Organisationsform der Gesellschaft. Neoliberalismus bedeutet nicht nur Privatisierung öffentlicher Güter und Infrastrukturen sowie Deregulierung, sondern eine Unterwerfung aller gesellschaftlichen Bereiche unter der marktwirtschaftlichen Logik des Wettbewerbs, der Profitorientierung und des Privateigentums.

Im Zuge der Durchsetzung des Neoliberalismus fand ein beispielloser Angriff auf jede Form kollektiven Eigentums statt, das die Grundlage für eine stabile Daseinsvorsorge und eine demokratische Gestaltung der Wirtschaft darstellen könnte. So wurden mittels Grundgesetzänderung die ehemaligen Staatskonzerne Post, Telekom und Bahn in profitorientierte Unternehmen umgewandelt, zahlreiche Kommunen mussten im Zuge des Finanzierungsdrucks und konstruierten Standortwettbewerbs ihre Wohnungsbestände privatisieren und gaben damit dem finanzialisierten Wohnungsmarkt Auftrieb. Auch die Produktionskapazitäten der ehemaligen DDR wurden mittels Schockprivatisierung durch die Treuhand und die Einführung der D-Mark dem internationalen Markt zugänglich gemacht. Die Folgen dieser Privatisierungen lassen sich heute überblicken: Bei der Bahn wurde systematisch am Schienennetz gespart, das nun nicht bereit ist für die Verkehrswende und zu ständigen Ausfällen und Verspätungen führt. Die ehemals kommunalen Wohnungsbestände gehören nun Konzernen wie Vonovia oder der Deutschen Wohnen, die zwar stetig die Mieten erhöhen, dafür aber bei der Instandhaltung sparen, und die Politik der Treuhand in den Gebieten der ehemaligen DDR machte Hunderttausende arbeitslos, was bis heute die ökonomischen und sozialen Strukturen in den ostdeutschen Bundesländern prägt.

In den klassischen Sektoren der Daseinsvorsorge (Wasser, Elektrizität, Wärme, Abfallwirtschaft etc.) gab es in aller Regel nur einen Anbieter pro Region. Die ehemals staatlichen oder kommunalen Versorger wurden gegen starke Widerstände privatisiert und in zahlreiche Einzelanbieter zerschlagen. Heute muss aus Hunderten von Internet- und Stromanbietern ausgewählt werden, während dahinter faktisch Monopole oder Oligopole stehen, die die »Märkte« dominieren. Hinter den Hunderten von Stromanbietern, zwischen denen wir heute wählen müssen, verbergen sich in aller Regel doch wieder nur die großen fünf Energiekonzerne. Obwohl diese Konzerne reichlich Gewinne erwirtschaften, sind kaum Investitionen in zukunftsfähige Infrastrukturen geflossen: Die Stromnetze sind nicht für die Energiewende ausgebaut, die Netzentgelte machen dennoch einen immer größeren Teil der Stromkosten aus.

Aber es brauchte nicht immer eine Privatisierung von öffentlichem Eigentum, um Marktlogiken in weiten Teilen der Gesellschaft einzuführen. Im Neoliberalismus wurden auch Bereiche wie Bildung oder Gesundheit, die weiterhin primär staatlich organisiert blieben, zum Ziel von Vermarktlichung. Um zum Beispiel im Gesundheitswesen Profitorientierung und Konkurrenz herzustellen, wurden mittels des Fallpauschalensystems feste Preise für gleichartige gesundheitliche Behandlungen festgelegt. Ein Krankenhaus bekommt seitdem für eine Hüftoperation immer die gleiche Kostenerstattung, egal wie lang oder kurz der Genesungsprozess der Patient*in real dauert. Mit diesem System wurden ungekannte Profitmöglichkeiten und ein ständiger Druck zur Kostenminimierung ins Gesundheitssystem eingeschrieben: Wenn man für eine bestimmte Operation immer den gleichen Betrag von den Krankenkassen erstattet bekommt, dann bedeutet jede Pflegekraft weniger und jeder Tag, den Patient*innen nicht mehr in den Betten liegen, eine potenzielle Steigerung des Gewinns. Gesundheit wurde damit zur Ware gemacht und nahezu alle Bereiche des Gesundheitssystems wurden betriebswirtschaftlichen Logiken unterworfen. Besonders deutlich zeigten sich die daraus resultierenden Probleme während der Corona-Pandemie, als massenhaft Personal und Intensivbetten fehlten. Das System der Fallpauschalen führt außerdem dazu, dass Ärzt*innen und Pflege viel Zeit mit bürokratischen Prozessen verbringen, weil jede Behandlung klassifiziert und aufwendig begründet werden muss, worunter die medizinische Versorgung leidet. Zudem fördert das System die Durchführung von überflüssigen, aber profitablen Behandlungen, wodurch zusätzlich Kapazitäten von Ärzt*innen, Psychotherapeut*innen und Pflegekräften für gute medizinische Versorgung fehlen. Geburtsstationen und ländliche Kliniken mussten reihenweise schließen, da sich die Grundversorgung im ökonomisierten Fallpauschalensystem schlicht nicht rechnete. Stattdessen wurden in Ballungsgebieten weitere Spezialkliniken für hochprofitable Operationen eröffnet. Die Herstellung von Märkten führte also nicht zu mehr Effizienz im Gesundheitssystem, sondern zu einer horrenden Verschwendung gesellschaftlicher Ressourcen durch Fehlanreize und unnötige Bürokratie sowie zu einer unzureichenden Grundversorgung in der Fläche.

Damit ist nicht gesagt, dass frühere staatliche Institutionen (ob in der BRD oder der DDR) ein Positivbeispiel für eine zukünftige Wirtschaft darstellen. Herkömmliche staatliche Daseinsvorsorge war oftmals zentralistisch, undemokratisch und hierarchisch organisiert. Neu an der neoliberalen Wende war, dass auch diejenigen gesellschaftlichen Bereiche, die prinzipiell ökonomischen Logiken entzogen sein sollten, weil sie für ein würdevolles Leben allen bedingungslos zur Verfügung stehen müssen, mit enormem Aufwand der Kapitalverwertung zugänglich gemacht wurden.

Neoliberale Politik hat durchweg zu einer Verschlechterung der Versorgungsqualität geführt. Essenzielle Infrastrukturen wie die Deutsche Bahn wurden vollständig heruntergewirtschaftet. Nicht die Löhne, sondern die Profite und damit die Kosten für Öffentlichkeit und Haushalte sind gestiegen. Gerade die Güter, die für unser Leben am wichtigsten sind – ob Wohnraum, Grundversorgung oder Gesundheit – sind teurer geworden oder wurden überhaupt erst zu kaufbaren Waren gemacht. Trotz einiger erfolgreicher und wichtiger Abwehrkämpfe wie beispielsweise im Bereich der Pflege in Krankenhäusern schritt die weitreichende Kommodifizierung lebenswichtiger Güter in den letzten Jahren weiter voran. Durch hohe Preise, schlechte Löhne oder die Vernachlässigung von Investitionen werden jeden Tag Profite mit unserer Grundversorgung gemacht, für die wir alle mitbezahlen.

Die vielleicht schlimmste Auswirkung des neoliberalen Kapitalismus ist die fundamentale Unfreiheit und Unsicherheit. Schon heute müssen die meisten Menschen immer mehr arbeiten und geben dennoch einen Großteil ihres Einkommens für fundamentale Güter wie Wohnen, Gesundheit und Energie aus. Wir wissen genau, dass es eben nicht sicher ist, dass wir heute und in Zukunft gute Gesundheitsversorgung und ein Dach über dem Kopf haben werden. Öffentlicher Luxus auf Basis einer Ausweitung kollektiven Eigentums ist eine Lösung für die gesellschaftlichen und ökonomischen Probleme des Neoliberalismus und weist zugleich einen solidarischen Weg aus der Klimakrise.

Öffentlicher Luxus: Wie alles besser werden kann

Öffentlicher Luxus ist der bedingungslose (d. h. auch kostenlose) Zugang zu essenziellen Leistungen und Gütern. Alle Menschen haben ein Recht auf hochwertige Versorgung in den Bereichen Wohnen, Energie (Strom, Wärme etc.), Gesundheit, Pflege und Care, Bildung, Mobilität, Ernährung, Kultur, Medien und digitale Infrastruktur. Öffentlicher Luxus bedeutet eine Aufwertung all dessen, was wir wirklich für ein gutes Leben brauchen, und entzieht wesentliche, alltägliche Bereiche der Markt- und Profitlogik. Damit rückt er auch bisher vernachlässigte oder weniger wahrgenommene Bereiche der gesellschaftlichen Reproduktion in den Vordergrund. Öffentlicher Luxus bedeutet, Arbeiten wie die Betreuung von Kindern und die Pflege von Angehörigen aus dem Privaten zu holen und als gesellschaftliche Aufgabe zu organisieren.

Öffentlicher Luxus schafft materielle Sicherheit für alle. Der Zugang zu grundlegenden Gütern wie Wohnraum, Heizung,

Nahrung oder Mobilität hängt nicht mehr von der individuellen Zahlungs- und damit Leistungsfähigkeit ab, auch nicht von staatlichen Sozialleistungen und damit zusammenhängenden Anforderungen oder Restriktionen. Ob am Ende des Monats noch Geld fürs Essen da ist, ob die Rente reicht, um am Lebensende nicht in Altersarmut zu geraten, ob die Pflege für Eltern oder Großeltern bezahlbar ist – diese ökonomischen Sorgen nimmt uns Öffentlicher Luxus. Öffentlicher Luxus würde auch vieles im Alltag einfacher und schöner machen. Es gäbe hochwertige öffentliche Toiletten, öffentliche Küchen und günstiges, gutes Essen für alle, kostenlose und zuverlässige Verleihräder an jeder Ecke, nach Bedarf mit E-Motor oder als Lastenrad und alles, ohne jedes Mal eine neue App herunterladen zu müssen. Über all das hinaus bringt uns Öffentlicher Luxus ein größeres Maß an Freiheit: Durch eine Stärkung und bedingungslose Bereitstellung der Dinge, auf die es ankommt, gewinnen wir Zeit für uns und für die gemeinsame Gestaltung unserer Welt.

Öffentlicher Luxus beruht auf der Wiederherstellung und Ausweitung öffentlichen Eigentums an Infrastrukturen der Daseinsvorsorge und weiterer Teile der Wirtschaft sowie ihrer gemeinwirtschaftlichen und demokratischen Organisation. Anstatt die Gestaltung unserer Wirtschaft privatisierten Konzernen und ökonomischen Kalkülen zu überlassen, die unsere Lebensgrundlagen zerstören, zu immer größerer ökonomischer Ungleichheit führen und öffentliche Versorgungsstrukturen kaputtsparen, zielt Öffentlicher Luxus auf eine kollektive, demokratische und gerechte Gestaltung, Erhaltung und Verbesserung unserer wirtschaftlichen und sozialen Systeme. Damit ist Öffentlicher Luxus ein Gegenentwurf zu privatem Luxus Einzelner (und der damit zusammenhängenden Armut vieler). Um öffentliche Dienste für alle zu organisieren, macht er Schluss mit der extremen Konzentration von Reichtum. Stattdessen schafft öffentlicher Luxus kollektiven Reichtum. Statt Privatjets, privaten Pools oder Golfplätzen gibt es einen gut ausgebauten öffentlichen Nahverkehr, Bahnhöfe, die zum Verweilen einladen und nicht nur kommerzialisierte Durchgangsorte sind, Fernstrecken, die auch weite Reisen im Nachtzug angenehm werden lassen, eine flächendeckende Versorgung mit gut ausgestatten Kitas, Schulen und Pflegeeinrichtungen, kostenlosen Breitbandausbau und -zugang, öffentliche Kantinen für alle, öffentliche Schwimmbäder und Zugang zu Seen und Flüssen sowie öffentliche Parks und Grünflächen, die alle nutzen können. Öffentlicher Luxus ist Luxus der Vielen: Statt übermäßigen Reichtum für wenige, bedeutet Öffentlicher Luxus bedingungslose Grundversorgung und ein gutes Leben für alle.

Öffentlicher Luxus ist eine Bedingung für effektiven, sozial gerechten und demokratisch gestalteten Klimaschutz. Durch die kollektive Nutzung natürlicher Ressourcen lässt sich ein Weniger an Verbrauch mit gesellschaftlichem Reichtum verbinden: Öffentlicher Luxus + private Suffizienz! Ein starker öffentlicher Verkehrssektor macht private Autos weitgehend überflüssig, lokale Verleihzentren – nach dem Vorbild von Bibliotheken – für Werkzeuge und andere Dinge, die wir nicht ständig brauchen, verhindern, dass jede*r eine Bohrmaschine zuhause liegen hat, aber nur einmal im Jahr nutzt. Die kollektive Nutzung von Ressourcen lässt uns den Verbrauch insgesamt minimieren, ohne uns in Verzichtsdebatten zu verlieren. Zugleich lösen sich Konflikte zwischen sozialen und ökologischen Zielen wie bei der Gebäudemodernisierung bei einer demokratischen Organisation in öffentlichem Eigentum auf: Eine gemeinwirtschaftliche Wohnungsbewirtschaftung macht energetische Modernisierung möglich, ohne dass Mieter*innen Angst vor großen individuellen Mietsteigerungen haben müssen. Denn die Kosten werden gemeinsam getragen und es werden in Abstimmung mit den Mieter*innen nur wirklich sinnvolle Modernisierungsmaßnahmen durchgeführt.

Öffentlicher Luxus ist effizient

Ein Ausbau, eine Ausweitung und eine Entprivatisierung von öffentlichen Gütern sowie ihre bedingungslose Bereitstellung würden uns Sicherheit geben und unser Leben freier machen. Aber nicht nur das: Richtig gemacht, ist Entprivatisierung auch aus Effizienzgründen sinnvoll, sobald Effizienz gesamtgesellschaftlich verstanden wird. Wenn wir ernsthaft über ökonomische Alternativen zum Neoliberalismus reden wollen, müssen wir die Mythen, mit denen Privatisierungen, Vermarktlichung und damit auch eine weitreichende Umverteilung von unten nach oben gerechtfertigt wurden und weiterhin werden, bekämpfen. Die Privatisierung sollte im Gegensatz zu Staatskonzernen und öffentlichen Unternehmen mehr Effizienz und Innovation sowie eine effektive Verteilung und Entbürokratisierung bringen. Tatsächlich führte sie jedoch zu neuen Formen der Bürokratie, massiv ungleicher Verteilung und vielfach ineffizienten Mehrfachstrukturen, wie bei den Telekommunikationsnetzen: Von denen gibt es heute in Deutschland gleich drei parallel und trotzdem ist das Netz oft schlecht.

Wieso ist bedingungslose öffentliche Daseinsvorsorge effizienter? Öffentlicher Luxus macht viele bürokratische Prozesse überflüssig: Tickets- und Ticketautomaten, Kontrolleur*innen und Gefängnisse für Menschen, die ohne Ticket gefahren sind. Wir können uns auch die 96 verschiedenen gesetzlichen und erst recht die privaten Krankenversicherungen sparen. In der lokalen, kooperativen Poliklinik braucht es keine Versichertenkarte, keine Rezepte und auch keine Rechnungen, denn Gesundheit ist ein Recht, das von allen finanziert wird. Ärzt*innen und Pfleger*innen sind dann auch nicht mehr die Hälfte ihrer Arbeitszeit mit Abrechnungen beschäftigt, sondern haben mehr Zeit für ihre Patient*innen. Statt ständig überprüfen und rechtfertigen zu müssen, wer ein Recht auf essenzielle Güter und Dienstleistungen hat, könnten wir unsere gesellschaftlichen Ressourcen in deren Verbesserung stecken. Damit verhindern wir zudem Ausschlüsse von marginalisierten Personengruppen, und auch Menschen ohne Papiere und Versicherung erhalten die Dienstleistungen, die sie brauchen. Das Wegfallen künstlicher Marktstrukturen entlastet Menschen auch jenseits des Gesundheitssystems. Das 9-Euro-Ticket im Sommer 2022 etwa hat gezeigt, wie der Wegfall komplizierter Ticketsysteme unser Leben freier und einfacher machen kann. Auch das jährliche Vergleichen von Strom-, Mobilfunk-, und Heiztarifen wird überflüssig, wenn ein Grundkontingent unentgeltlich zur Verfügung steht.

Doch woher soll der Fortschritt kommen? Märkte mögen Probleme verursachen, aber bringen sie nicht auch all die Innovationen hervor, die das Leben für viele erst reicher und besser gemacht haben? Das Problem an dieser Erzählung: Die Behauptung, dass öffentliche Infrastrukturen grundsätzlich stagnieren und wandel- sowie innovationsunfähig seien, stimmt schlicht nicht. Die Entwicklung der meisten modernen Innovationen, von Impfstoffen bis hin zu nahezu allen Grundtechnologien des iPhones, wurde entweder direkt öffentlich finanziert oder durch staatliche Universitäten vorangetrieben. Private Unternehmen sind dagegen vor allem in einem gut: aus neuer Technologie Waren und Profit zu schlagen und damit ihre Verfügbarkeit zu beschränken. Anstatt die Ergebnisse öffentlich finanzierter Forschung zu privatisieren, wäre es sinnvoller und effizienter, diese Innovationskraft direkt für das Gemeinwohl nutzbar zu machen. Das würde beispielsweise nicht nur zu einem besseren Zugang zu neuen Medikamenten oder Impfstoffen für alle führen. In öffentlichen Unternehmen, die nicht auf Profit, sondern auf effiziente Versorgung mit essenziellen Gütern ausgerichtet sind, könnten sich statt Konkurrenz und intellektuellem Privateigentum auch technologische Kooperation und Austausch frei entfalten.

Im gegenwärtigen System werden jedoch nicht nur öffentliche Innovationen privat angeeignet. Die Profitorientierung verursacht gerade in der Daseinsvorsorge zusätzlich Kosten, die von Unternehmen auf die Allgemeinheit abgewälzt werden. Den Betreiberfirmen von essenziellen Infrastrukturen gelingt es oft, mit Druck auf Löhnen und Arbeitsbedingungen, mit der Vernachlässigung von langfristigen Investitionen sowie mit der Verlagerung von Kosten auf andere ihre Bilanzen aufzubessern. Unternehmen, die am Kapitalmarkt orientiert sind, wie zum Beispiel die Deutsche Bahn, tendieren dazu, langfristige Investitionen zu vernachlässigen, um kurzfristig ihr Finanzergebnis aufzubessern, wie das Beispiel des maroden Schienennetzes oder der Bahnhofsinfrastrukturen zeigen. Sie investieren nur dann, wenn es sich aus Sicht des Kapitalmarkts »lohnt«, also wenn kurzfristig eine Rendite auf das eingesetzte Kapital erwirtschaftet werden kann. Die Rechnung hingegen bekommen wir alle: Wir kommen für private Profite, schlechte Versorgungsqualität, ökologische Folgekosten und unvermeidbare Zusammenbrüche auf. Ob es um die Renaturierung der Kohletagebaue geht, die Endlagerung von Atommüll, die Rettung maroder Banken oder die Verspätungen bei der Bahn: Am Ende tragen nicht die Unternehmen diese Kosten, sondern sie werden der Allgemeinheit oder Einzelnen aufgebürdet. Viele scheinbare Erfolgsgeschichten von Privatisierung ignorieren diese Aspekte. Öffentliche Unternehmen ohne Profitzwang können nachhaltiger wirtschaften, langfristig in die Infrastruktur investieren und auch Rückstellungen für Folgekosten bilden, die bei privaten Unternehmen externalisiert werden. Das ist ein Grund, warum viele Kommunen trotz knapper Kassen Unternehmen der Grundversorgung wieder zurück in die öffentliche Hand holen. Diese werfen kontinuierlich kleine Gewinne ab, können nachhaltig wirtschaften und investieren, und es wird verhindert, dass bei Pleiten doch wieder die Kommune einspringen muss, um die öffentliche Versorgung aufrechtzuerhalten. Öffentlicher Luxus heißt, aus diesen Erfahrungen zu lernen und die gesamte Grundversorgung aus Profitzwängen zu befreien, auf kommunaler wie auf Bundesebene. Es geht dabei jedoch nicht um eine Verstaatlichung oder Rekommunalisierung, sondern um eine echte Demokratisierung.

Öffentlicher Luxus heißt Demokratisierung

Wir haben uns fast daran gewöhnt, dass am Ende immer bei der öffentlichen Daseinsvorsorge und an Sozialsystemen gespart wird, dass öffentliche Unternehmen privatisiert werden, obwohl und damit die Dividenden der Dax-Konzerne sprudeln. Es fühlt sich an wie ein Naturgesetz, dass die Mieten immer weiter steigen, die Löhne aber nicht. Manchmal ist es schwer, sich Alternativen vorzustellen. Denn große Teile der öffentlichen Daseinsvorsorge wurden uns in den letzten 40 Jahren systematisch geklaut, sie wurden vernichtet oder sind nicht mehr für alle zugänglich. Aber das muss nicht so bleiben. Es ist Zeit, dass wir uns zurückholen, was uns geraubt wurde: Die kommunalen Energie- und Wassernetze gehören wieder unter öffentliche Kontrolle, Wohnungen in Gemeineigentum und Krankenhäuser müssen wieder anständig öffentlich finanziert werden. Wir können anknüpfen an vieles, das es einmal gab und auch heute noch gibt. Wir dürfen dabei aber nicht stehen bleiben. Wir müssen dafür sorgen, dass neu vergesellschaftete Infrastrukturen nicht wieder privatisiert werden können. Wir müssen die Entscheidungen über die Versorgung und Entwicklung viel grundlegender an demokratischen Prinzipien ausrichten und Gemeinwohl- statt Profitorientierung festschreiben. Wir wollen eine demokratische Wirtschaft und Öffentlichen Luxus, keine Staatsbürokratie.

Neben einer Änderung des Unternehmenszwecks und der Ausrichtung auf bedingungslose Grundversorgung muss öffentliche Daseinsvorsorge demokratisiert werden. Das heißt, in den Kontrollgremien neuer öffentlicher Unternehmen säßen nicht Politiker*innen, sondern Vertreter*innen von Nutzer*innen, Arbeitenden und weiteren Gruppen, die sinnvollerweise an grundlegenden Entscheidungen beteiligt sein sollten. Außerdem müssen Entscheidungen so lokal und dezentral getroffen werden wie möglich, damit diejenigen, die davon konkret betroffen sind, die Gestaltung ihrer Arbeits- und Lebenszusammenhänge selbst übernehmen können. Weitreichende Demokratisierung verhindert nicht nur Fehlentwicklungen und Hierarchien, sondern sichert auch die Ausrichtung an echten gesellschaftlichen Interessen. Wäre die Deutsche Bahn eine demokratische Bürger*innenbahn, dann hätten wir statt teuren Neubauprojekten, der Ausrichtung an Hochgeschwindigkeitsstrecken, dem Verlust an Schienenkilometern und einer Preispolitik wie im Flugverkehr vielleicht heute schon eine echte Flächenbahn, für die man das Auto gerne stehen lässt.

Neues öffentliches Eigentum ist also kein Zurück in eine romantisierte Vergangenheit, sondern ein Aufbruch. Sowohl die alten Staatsbetriebe als auch die modernen Konzernoligopole waren und sind oftmals autokratische, hierarchische und verknöcherte Riesen. Öffentlicher Luxus heißt, die Grundversorgung von Beginn an demokratisch zu denken. Das bedeutet auch, neue institutionelle Formen zu finden. Die konkreten Ausprägungen werden je nach Sektor und Kontext unterschiedlich aussehen. In einer am öffentlichen Wohl ausgerichteten Wirtschaft ginge es darum, für verschiedene Ebenen und Sektoren angepasste Organisationsmodelle zu schaffen, die aber immer an demokratischen Prinzipien ausgerichtet sind. Im Energiesektor müsste es zum Beispiel statt vier profitorientierter Netzbetreiber eine zentral koordinierte, bundesweite Institution geben, die den Netzausbau organisiert, dabei aber mit kommunalen Stadtwerken und Energiegenossenschaften zusammenarbeitet. Dann ginge es darum, die Energieversorgung über lokale Stadtwerke und dezentrale Energieproduktion sowie demokratisch bestimmte Großprojekte wie Off- und Onshore-Windparks zu sichern. Anstatt dass auf jeder Ebene des Energiesystems Profite an eine Vielzahl privater Betreiber fließen, die sich in hohen Energiepreisen niederschlagen, wäre Energie ein Grundgut, das bis zu einer gewissen Menge schlicht umsonst ist. Statt 100 verschiedener Energievermarkter gäbe es in jeder Region lediglich eine demokratisch kontrollierte Institution, die dafür zuständig ist, die Energieversorgung für alle möglichst kostengünstig sicherzustellen sowie eine starke Förderung von dezentraler Produktion für den Eigenverbrauch zu ermöglichen.

Die Initiative »Deutsche Wohnen & Co. enteignen« in Berlin hat in den letzten Jahren riesige Schritte in Richtung einer demokratischen und öffentlichen Organisation von Wohnraum gemacht. Hier ist ein Konzept entstanden, wie 250 000 Wohnungen, die aus öffentlichem Wohnungsbau stammen, durch Privatisierungen jetzt jedoch großen, börsennotierten Konzernen gehören, zurück in öffentliches, demokratisch verwaltetes Eigentum kommen können. Dadurch ließen sich weitere Mietsteigerungen verhindern und die Mieter*innen könnten gemeinsam mit der Stadtgesellschaft und den bei den Wohnungsunternehmen Beschäftigen in einer Anstalt öffentlichen Rechts über die Verwaltung und Entwicklung des Bestandes entscheiden: Wo muss modernisiert werden? Welche Modernisierungsmaßnahme macht in welchem Gebäude am meisten Sinn? Was wollen wir anstelle der verfallenen Garagen im Hinterhof bauen? Dieser Vorschlag wurde 2021 von einer großen Mehrheit der Berliner*innen per Volksentscheid angenommen, die verstanden hatten, dass er Sicherheit vor Mieterhöhungen und Verdrängung sowie einen Zugewinn an Gestaltungsmöglichkeit bedeuten würde.

Öffentlicher Luxus statt Klimakatastrophe

Nimmt man die Klimakatastrophe ernst, dann können die Herausforderungen, vor denen wir stehen, unüberwindbar wirken. Um noch eine 50-50-Chance auf die Einhaltung des 1,5-Grad-Ziels zu haben, verbleibt Deutschland nur noch ein äußerst geringes global gerechtes CO_2-Budget, das etwa Anfang des Jahres 2027 aufgebraucht sein wird. Und dabei werden nicht einmal die historischen Emissionen vor 2016 berücksichtigt. Zahlreiche andere Umweltproblematiken, die nicht nur auf CO_2-Emissionen beruhen, wie zum Beispiel das globale Artensterben, kommen noch hinzu. Inzwischen ist auch klar: Selbst wenn ab jetzt Klimaschutz sehr viel schneller vorankommt als bisher, ist mit einer starken Veränderung des Klimas zu rechnen.

Reparationszahlungen für Länder, die sich aus dem Kolonialismus befreit haben, schneller Produktionsumbau, Reduktion von Konsum, Anpassung und Vorbereitung an Wetterextreme und verändertes Klima: Die Klimakrise wirkt oft wie eine Reihe von überwältigenden Anforderungen, denen wir nicht gerecht werden können. Auch die Politik hat offensichtlich kein Interesse an einer ernsthaften Klimapolitik und verwaltet lieber noch wenige Jahre einen nicht haltbaren Status quo oder arbeitet an Abschottungsstrategien. Die bestehende Politik beruht auf dem Versprechen, dass alles so weitergehen kann wie bisher, dass sich nichts ändern wird und eine schöne alte Welt, die es für viele so nie gegeben hat, einfach weiter bestehen kann. Dieses Ausruhen auf dem Wunsch nach Normalität und Sicherheit und die damit einhergehende Entpolitisierung der wichtigen Fragen unserer Zeit haben keine Zukunft. Wenn wir die Krisen unserer Zeit ernst nehmen, dann ist transformative Ambition mit radikalen Schritten nach vorn der einzige realistische Weg.

Die gute Nachricht in all dem: Die Krisen unserer Zeit sind keine Ansammlung getrennt voneinander existierender Herausforderungen, die sich widersprechende Lösungen verlangen. Vielmehr haben sie gemeinsame Ursachen in unserem Gesellschafts- und Wirtschaftssystem, in Profitorientierung, Privateigentum und Marktlogik. Lösungen für die Vielfachkrise müssen daher nicht miteinander konkurrieren, wie uns Politiker*innen glauben machen wollen, wenn sie soziale und ökologische Fragen immer wieder geschickt gegeneinander ausspielen. Tatsächlich sind ökologische und soziale Gerechtigkeit nahezu symbiotisch – sie brauchen einander. Eine transformative Klimapolitik, die nicht davor zurückscheut, Eigentumsordnung und Profitorientierung infrage zu stellen, hat der überwiegenden Mehrheit der Menschen reale Verbesserungen in ihrem Leben anzubieten. Wenn wir statt Autos Straßenbahnen und E-Busse bauen, reduzieren wir die Abhängigkeit von fossilen Energien und schaffen Platz in unseren Städten. Wenn Shoppingmalls zu Sorgezentren oder Verleihstationen werden, sparen wir uns sinnlose Konsumtempel und schaffen Platz für das, was zählt. Wenn wir die Macht der Konzerne über den Wohnmarkt brechen, können wir ökologische Sanierung und bedarfsgerechten Umbau der Wohnraumversorgung ohne Ausschlüsse organisieren. Indem wir extremen privaten Reichtum angreifen, können wir Öffentlichen Luxus schaffen.

Nehmen wir das Beispiel Mobilität. Wir alle müssen mobil sein, um den Alltag zu bewältigen oder zur Arbeit zu kommen. Mobilität ist ein Grundbedürfnis, das durch den Fokus auf das Auto und die Vernachlässigung öffentlicher Mobilität zu einer teuren und ausschließenden privaten Angelegenheit geworden ist. Zudem rauben uns Autos große Teile des Stadtraums und machen andere Formen der Mobilität wie das Radfahren gefährlicher. Auch in einer zukünftigen Gesellschaft mag der Bedarf an einigen Autos weiter bestehen, zum Beispiel in ländlichen Regionen, wo sich ein breiter Ausbau öffentlichen Verkehrs teilweise nicht lohnt oder wo für bestimmte Personengruppen Mobilität sonst schwer zu ermöglichen wäre. Es gilt aber das bisherige Verhältnis von 80 Prozent Auto- und Lkw-Verkehr zu 20 Prozent ÖPNV mindestens umzudrehen. Ein ausgebauter, intelligent vernetzter und ökologisch nachhaltiger öffentlicher Nah- und Fernverkehr könnte Mobilität für alle ermöglichen, CO_2-Emissionen und Flächenversiegelung reduzieren und sinnvolle Arbeitsplätze schaffen. Wir wissen heute, dass die Arbeitskraft und auch die industrielle Kapazität, die für diesen Ausbau nötig sind, den notwendigen Rückbau an Arbeitsplätzen in der Autoproduktion überkompensieren können. Ein solcher Ausbau kann und muss von den Beschäftigten in diesen Industrien getragen werden, die das notwendige

Wissen und die Organisationsmacht haben, um diesen auch durchzusetzen. Dass, wie manche Gewerkschaftsführungen und Parteien behaupten, die Arbeitenden kein Interesse daran hätten, ist blanker Hohn. Die Beschäftigten und ihre Fähigkeit zur Solidarität und Reflexion ihrer eigenen Arbeit nicht ernst zu nehmen, ist eine Verhinderungstaktik gegen eine echte, breit getragene Transformation. Die in den zurückzubauenden Industrien Beschäftigten wissen genau, dass Regulierungsansätze und ökologische Politik, wie sie bisher verstanden wurden, nicht die Profite der Shareholder und Eigentümerfamilien reduzieren, sondern die Arbeitsbedingungen und Löhne verschlechtern werden. Das Geld für den notwendigen Umbau ist jedoch da: Allein im letzten Jahr hat der VW-Konzern 15,8 Milliarden Euro Profit gemacht. Wenn die Profitorientierung und die Privatisierung der Gewinne als gegeben angesehen werden, dann ist eine antiökologische Position aus Sicht der Arbeitenden völlig rational. Wenn wir jedoch hinterfragen, warum Shareholder und reiche Eigentümer*innen über die Ausrichtung der Produktion bestimmen, dann löst sich der vermeintliche Gegensatz zwischen sinnvoller, guter Arbeit und Ökologie auf. Es wäre durchaus möglich, Großunternehmen wie VW schon morgen umzubauen und zugleich gute, gewerkschaftlich abgesicherte Löhne festzusetzen – allerdings nicht unter Bedingungen des Privateigentums, sondern nur, wenn wir über die konsequente Besteuerung von Reichtum hinaus auch die Macht über die Produktion kollektivieren.

Öffentlicher Luxus im Bereich Mobilität durch den Ausbau eines kostenlosen öffentlichen Nah- und Fernverkehrs und der Rückbau schädlicher Produktion in der Autoindustrie, insbesondere mit ihrem gegenwärtigen Fokus auf Luxusproduktion und SUVs, gehen Hand in Hand. Beides gehört zu einer echten Mobilitätswende, die so nicht nur ein Projekt für Arbeitende oder das Klima ist, sondern dem Gemeinwohl dient. Wir können es uns nicht mehr leisten, jedes Jahr Tausende Luxusautos zu produzieren. Was wir uns leisten können, sind Züge, Busse und Straßenbahnen, in denen man gerne fährt – ohne 1. und 2. Klasse, aber mit Arbeits-, Spiel- und Kinderabteilen.

Öffentlicher Luxus bietet das Potenzial, Arbeit von Grund auf neu zu denken und uns von einer Arbeitswelt zu (er-)lösen, in der wir sinnlose Tätigkeiten ausüben, um sinnlose Produkte herzustellen. Schon heute halten 35 Prozent der Menschen ihre Arbeit für sinnlos und 85 Prozent der Menschen empfinden eine starke emotionale Distanz zu ihrer Lohnarbeit. Öffentlicher Luxus heißt, aus Arbeit sinnstiftende und für andere Menschen sinnvolle Tätigkeit zu machen. Statt SUVs würden wir Trams und Wärmepumpen bauen, statt Bürokratie und ständigem Stress hätten wir Zeit für Patient*innen, Pflegebedürftige und Bildung.

Auf dem Weg zum Öffentlichen Luxus

Die notwendige Transformation macht vielen Menschen Angst. Entsprechend stark ist der Wunsch, am Bekannten, am vermeintlich Sicheren festzuhalten. Solange die mit der anstehenden Transformation verbundenen Verteilungs- und Eigentumsfragen nicht adressiert werden, gehen viele – wie die, die gegen den Klima-Volksentscheid in Berlin gestimmt haben – zu Recht davon aus, dass die Veränderungen auf ihre Kosten gehen werden. Sobald wir jedoch den notwendigen Umbau hin zu einer klimaneutralen Wirtschaft als Teil einer größeren Transformation denken, die grundsätzlich verändert, wie und vor allem welchen Reichtum wir produzieren und wie wir ihn verteilen, dann kann sich diese Angst auflösen. Wir müssen aufhören, uns zu erzählen, dass wir alle verzichten müssen, während das so offensichtlich nur für diejenigen gilt, die von ihrem Lohn leben müssen, während der Champagner auf der Luxusjacht weiterfließt. Stattdessen lohnt es sich, für eine Transformation hin zu Öffentlichem Luxus zu kämpfen, der gesellschaftlichen statt individuellen Reichtum schafft und allen ein gutes und freies Leben ermöglicht. Nur dann können wir die anstehenden Veränderungen voller Hoffnung angehen. Nur so wird Zukunft wieder zur Verheißung.

Private Suffizienz,

Öffentlicher Luxus

von George Monbiot *)

**) Dieser Beitrag beruht auf einer Rede bei der Degrowth-Konferenz 2021 in Manchester. Der Auszug wurde von den Herausgeber*innen leicht bearbeitet.*

»Hinter jedem großen Vermögen steht ein großes Verbrechen.« Ob diese Weisheit in allen Fällen zutrifft, sei dahingestellt. Fest steht, dass nicht die politische Einstellung über den Schaden bestimmt, den Einzelne an Klima und Natur anrichten, sondern die Höhe ihres Einkommens.

Wenn Menschen viel Geld haben, geben sie es aus. Diese Ausgaben führen fast immer zu hohen Umweltbelastungen. Obwohl oder gerade weil diese Kopplung von Reichtum und Klimaschäden ein Fakt ist, erleben wir immer wieder, wie insbesondere die Wohlhabenden und Mächtigen davon ablenken. Zu großen Konferenzen wie dem jährlichen Weltwirtschaftsforum in Davos reisen Milliardär*innen, Schauspieler*innen und andere Superreiche mit ihren Privatflugzeugen und Luxusschlitten an und diskutieren besorgt darüber, was wir zur Rettung der Erde unternehmen können. Ihre wichtigste Antwort ist, dass das Problem all die Leute seien, die so viele Kinder kriegen. Im Bevölkerungswachstum haben sie den einzigen Faktor identifiziert, für den sie kaum verantwortlich gemacht werden können. Tatsächlich sind höhere Geburtenraten mit Armut und eingeschränkten Frauen*rechten verbunden. Das bedeutet allerdings auch, dass diejenigen, die die meisten Kinder haben, tendenziell die geringste Umweltbelastung verursachen, und diejenigen mit wenigen Kindern – allen voran Milliardär*innen – die größte. Eine viel kleinere Weltbevölkerung mit einem Lebensstil wie dem der Superreichen würde die Erde genauso oder schneller zerstören wie eine viel größere Weltbevölkerung, die den heutigen Lebensstandard der ärmeren Hälfte der Weltbevölkerung hätte.

Reichtum begrenzen!

Dass die Reichen und Superreichen die Hauptverursacher*innen der ökologischen Krisen sind, führt zu einer eigentlich offensichtlichen Schlussfolgerung, die von der belgischen Philosophin Ingrid Robeyns formuliert wurde: Um ein Leben innerhalb planetarischer Grenzen zu führen, das heißt ein Leben, das das Leben gegenwärtiger und zukünftiger Generationen ermöglicht und zugleich nicht-menschliches oder mehr-als-menschliches Leben respektiert, muss es nicht nur eine Armutsgrenze geben, unter die niemand fallen darf, sondern auch eine Reichtumsgrenze, die niemand übersteigen darf. Es muss eine Obergrenze für den Reichtum geben, über den eine einzelne Person verfügen darf. Dies ist sicher eine der gefährlichsten Ideen des 21. Jahrhunderts. Wenn man sie in anständigen Kreisen zur Sprache bringt – und ich hoffe sehr, dass die Leser*innen sich nicht zu diesen Kreisen zählen –, sieht man sich der größten Empörung und Verunglimpfung ausgesetzt. Dabei ist es philosophisch gesehen sehr schwer, sich aus dieser Position herauszuwinden. Denn wenn man diese Idee nicht akzeptiert, hieße das zugleich, dass das Leben mancher Menschen mehr wert ist als das Leben anderer. Doch genau diese rassistische Verneinung des Rechts aller auf ein würdiges Leben ermöglicht erst die Aneignung von Natur und Ressourcen durch Einzelne, von Ressourcen, die andere Menschen, andere Arten, die wir alle zum Leben und zum Überleben brauchen. Genau diese Verneinung und die dadurch legitimierte Aneignung ist das Prinzip des Reichtums bzw. des Kapitals. Wenn Reiche einen Privatjet kaufen, eignen sie sich mehr atmosphärischen Raum an, als ihnen zusteht. Wer eine Supervilla besitzt, nimmt zu viel geografischen Raum in Anspruch. Für die, die durch den Bau von Privatjets oder Supervillen reich werden, gilt dies noch verstärkt.

Doch die Geschichte, die uns zur Beruhigung erzählt wird, lautet: Die steigende Flut hebt alle Boote. Es ist heute schmerzhaft offensichtlich, dass dies nicht stimmt. Stattdessen steckt die große Mehrzahl der Boote im Schlamm fest, während die Flut sie überspült. Trotzdem: Es wird immer noch behauptet, durch den Kapitalismus würden alle zu Wohlstand kommen. Diese Erzählung kann natürlich aus mehreren fundamentalen Gründen nicht stimmen. Zunächst ist es die Tatsache, dass der Reichtum, der die kapitalistische Maschinerie antreibt, nicht aus dem Nichts kommt. Er kommt zeitlich oder örtlich anderswoher. Eine Schätzung geht davon aus, dass Großbritannien während der Kolonialzeit über Steuern 45 Billionen US-Dollar nach heutigem Wert aus Indien extrahiert hat. Menschen wurden für die Kosten der Kolonisierung ihres Landes und darüber hinaus besteuert. Sie wurden dafür besteuert, dass ihnen ihr Land und ihre Lebensgrundlage gestohlen wurden. Diese 45 Billionen US-Dollar wurden in andere koloniale Bestrebungen auf der ganzen Welt investiert, die ebenfalls nichts anderes als Plünderungen waren. Es handelte sich schlicht um Diebstahl von Land und Diebstahl von Menschen. Und auch das Unternehmertum im entstehenden Kapitalismus ist eng mit diesen Plünderungen verknüpft. Den »bösen« Teil der kapitalistischen Wirtschaft von einem »anständigen« Teil zu trennen, ist so gut wie unmöglich, da alles miteinander verwoben ist. Es gibt keine englischen Investitionen, die sich sauber von den Verbrechen, dem Diebstahl von Ressourcen und Menschen in der Karibik, in Indien oder in den anderen Kolonien trennen ließen. Das Unternehmertum war und ist vollständig damit verstrickt und verflochten.

In vielerlei Hinsicht setzt sich die Geschichte der kolonialen Ausbeutung heute fort. Internationale Schulden werden als Druckmittel eingesetzt, um weiterhin Ressourcen ausbeuten zu können. Strukturanpassungsprogramme oder bilaterale Handelsabkommen mit internationaler Schiedsgerichtsbarkeit zwingen Länder effektiv dazu, ihre Rohstoffe und Güter fast umsonst abzugeben. Es gibt heutzutage Tausende Instrumente, mit denen der Kapitalismus weiterhin plündernd von einem Ort zum anderen zieht, Ressourcen in sogenannten Opferzonen ausbeutet und sie in die Zentren des Kapitals schleust. Wir wissen, durch mehrere Urteile internationaler Gerichte bestätigt, dass die City of London die Welthauptstadt der Geldwäsche ist. Dort fließt dreckiges Geld durch und wird über Steueroasen weitergeleitet, sodass sich London im Zentrum eines internationalen Netzes von Steueroasen befindet, von denen viele ehemalige britische Kolonien sind. Der moderne Kapitalismus ist also nach wie vor eine Ausplünderungsmaschine, ein Mittel, mit dem anderen Nationen Reichtum effektiv entzogen wird – nämlich über Raub.

Daneben steht die Plünderung der Umwelt, die in ihrem Kern sehr ähnlich verläuft. Häufig ist offensichtlich, dass die Natur gnadenlos ausgebeutet und zerstört wird. Doch auch viele der Maßnahmen, die wir für umweltfreundlich halten und von denen wir glauben, sie wären weniger klimaschädlich, führen in Wahrheit zu sogenannten Rebound-Effekten: Durch Effizienzgewinne, zum Beispiel durch elektrische oder effizientere Automotoren, kommt es im Endeffekt zu einem höheren Verbrauch und Schaden, etwa durch schwerere und mehr Autos oder durch den zerstörerischen Abbau von Lithium und anderen Materialien. Zusätzlich wird selbst der Reichtum, der für einige wenige durch vermeintlich »grüne« Aktivitäten entsteht, für privaten Luxuskonsum ausgegeben und verursacht dadurch, wie bereits oben erwähnt, erheblichen ökologischen Schaden.

Die Idee, dass wir alle unfassbar reich werden können, ist schlichtweg falsch. Zum einen beruht sie auf der Annahme, der Kapitalismus sei ein Wettbewerb zwischen Gleichen. Tatsächlich eignen sich einige Wenige den Reichtum anderer an, um die Maschine weiter anzuheizen. Zum anderen würden wir, wenn wir alle reich würden, sofort die Kapazitätsgrenzen des Planeten überschreiten. Es wäre schlicht unmöglich, auch nur einen Bruchteil der derzeitigen Weltbevölkerung zu erhalten, wenn wir alle Millionär*innen wären. Wenn wir alle eine große Villa mit großem Garten sowie eine Privatinsel mit einer Landebahn für unseren Privatjet haben wollten, bräuchten wir Dutzende von Planeten. Es kann diesen privaten Reichtum also schon rein platztechnisch nicht für alle geben. Ganz zu schweigen von den ökologischen Grenzen: Es gibt nicht genug Thunfisch, nicht genug Mahagoni, Nickel, Chrom, Gold, Platin, Titan und so weiter, um die Lebensweise der Reichen zu verallgemeinern. Die Bedingung dafür, dass sich die Reichen weiterhin privaten Luxus dieser Art leisten können, ist, dass der Rest von uns dies nicht tut. Das Leben der Reichen ist nur möglich, weil sie so wenige sind. Das Versprechen von privatem Luxus für alle ist eine Lüge, eine Lüge, die nur deshalb aufrechterhalten werden kann, weil wir nicht alle an ihrer Einlösung teilhaben können. Sobald das Versprechen umgesetzt würde, wäre das unser aller Ende. Die Bedingungen, die menschliches Leben auf der Erde ermöglicht haben, wären Geschichte.

Wem gehört die Natur?

Doch wieso lassen wir überhaupt zu, dass Einzelne über so viel Reichtum und über die Natur selbst verfügen können? Wie kommt es, dass eine Zahl auf deinem Bankkonto, das Kapital, das du besitzt, das Einkommen, das du erhältst, zu einem Recht auf Natur führt? Nach welchem Gesetz, nach welcher Norm, nach welchem philosophischen Prinzip berechtigt dieses Vermögen – ob es nun auf einem geheimen Konto in Panama City oder bei einer genossenschaftlichen Bank in der Region liegt – zum Kauf von Land, Mineralien oder zur Verschmutzung der Atmosphäre? Was gibt dir das Recht, mit deinem Geld Natur zu erwerben? Diese Frage lässt sich nicht leicht beantworten. Ja, es ist sogar schmerzhaft, sie in ihrer ganzen Tragweite anzuerkennen. Dabei ist es eine Frage, die gestellt und beantwortet werden muss. Es ist eine der grundlegendsten Fragen der Wirtschaftswissenschaften, die ständig in aller Munde sein sollte.

Ein Teil der Antwort und Rechtfertigung der geldbasierten Berechtigung, über Land zu verfügen, findet sich in John Lockes »Zweiter Abhandlung über die Regierung«. Locke behauptete, dass man sein Recht auf Natur – in diesem Fall Land – dadurch erwerbe, dass man seine Arbeitskraft mit ihr vermischt. Man mischt die eigene Arbeitskraft mit dem Land, wodurch es zu Eigentum wird. Es entsteht das alberne Bild im Kopf, dass jemand mit einem Spaten irgendwo auftaucht, ein Loch gräbt und dann sagt: »Weil ich dieses Loch gegraben habe, gehört das Land jetzt mir!« Tatsächlich ist genau dies die Grundlage des englischen und amerikanischen Eigentumsrechts und dadurch auch des Rechts in vielen anderen Teilen der Welt.

Wie funktioniert das also? Locke behauptet, am Anfang sei die ganze Welt »Amerika« gewesen. Damit wollte er sagen, die ganze Welt sei *terra nullius* gewesen: Ein Land ohne Menschen, ein Land ohne Rechte, und das Recht auf Eigentum kam mit dem ersten Menschen, der seine Arbeitskraft mit dem Land vermischte. Nun hatte Locke eine wichtige Verwaltungsposition in den britischen Kolonien im östlichen Nordamerika inne. Seine Rolle bestand unter anderem darin, die Aneignung des dortigen Territoriums zu rechtfertigen. Wie wir wissen, war dieses Land natürlich nicht *terra nullius,* sondern sehr wohl von anderen Menschen bewohnt. Es gehörte – nicht in irgendeinem formalen Sinne, sondern in einem Sinne tieferer Zugehörigkeit – der indigenen Bevölkerung Amerikas, die schon 14 000 Jahre dort gelebt hatte, bevor Locke und seine Leute auftauchten. Aber in gewisser Weise hatte er recht, als er sagte, dass die ganze Welt Amerika sei, da die ganze Welt irgendwann von Leuten wie ihm kolonisiert wurde, die dann die Landrechte der Menschen, die bereits dort waren, missachteten, indem sie so taten, als seien diese Menschen entweder keine Menschen oder als hätten sie keine Rechte.

Lockes Doktrin der Vermischung von Arbeit mit dem Land geht von einem Nullpunkt aus: einem Zeitpunkt, an dem alles Vergangene vergessen wird. Die gesamte Geschichte wird ausgelöscht, Tabula rasa, und jemand taucht auf und sagt: »Gut, hier gibt es niemanden oder niemanden, den ich berücksichtigen muss. Könnte sein, dass wir diese Leute gerade umgebracht haben, jetzt gibt es hier also wirklich niemanden. Also hebe ich jetzt dieses Loch hier aus, mische meine Arbeit mit dem Land und damit gehört das Land mir!« Seltsamerweise kann dann keine weitere Person mit einem anderen Spaten daherkommen und ein Loch in demselben Stück Land ausheben und dasselbe behaupten. Die zweite Person würde wahrscheinlich mit einem Schwert durchbohrt oder vielleicht eher mit einem Spaten erschlagen werden. Denn ohne dies näher zu begründen, nimmt Locke nicht nur einen Nullpunkt bezüglich der Vergangenheit an, sondern er braucht auch einen Nullpunkt mit Blick auf die Zukunft. Wenn diese »erste« Person ihren Spaten zum ersten Mal in die Erde steckt, erwirbt sie damit Landrecht für alle Ewigkeit. Und nicht nur sie, sondern auch ihre Kinder und Kindeskinder bzw. auch wer auch immer, dem sie das Land verkaufen werden. Aber niemand sonst kann in Zukunft daherkommen, Arbeit mit Land vermischen und auf diese Weise Landrechte erwerben.

Dann wird es noch merkwürdiger und noch verhängnisvoller. Locke fährt fort: »Ach übrigens, wenn ich sage, dass du deine Arbeit mit dem Land vermischst, schließt deine Arbeit natürlich ebenfalls jene Arbeit ein, die dir gehört!« Mit anderen Worten, andere Menschen – die du beschäftigst oder »besitzt« – können ihre Arbeit für dich mit dem Land vermischen. Wenn man Locke nun fragen würde: »Moment mal, wie soll das gehen? Wenn deine Diener∗innen oder versklavte Menschen das Loch graben, vermischst du selbst doch gar nicht deine Arbeit mit dem Land, sondern deine Diener∗innen und Sklav∗innen! Warum erwerben sie dann nicht die entsprechenden Landrechte?« Was Locke hier, für seine damalige Position durchaus vorteilhaft, macht, ist, das Grundrecht der Großgrundbesitzer∗innen festzuschreiben, Menschen zu versklaven. Durch den Besitz versklavter Menschen vermischt man auf einem großen Stück Land die »eigene« Arbeit mit dem Land und besitzt es nun ebenfalls.

Trotz dieser absurden Argumentationsführung und obwohl Locke nebenbei eine Charta für die Sklaverei verfasste, wird Eigentum an Land und an Natur weiterhin als Naturgesetz akzeptiert. Im Übrigen bleibt natürlich die Frage, warum ausgerechnet Arbeit den Landbesitz rechtfertigen soll. Warum gibt einem Menschen das Graben eines Lochs das Recht auf Land? Was ist es genau, das Arbeit diese magische Eigenschaft verleiht? Die Vorstellung, dass man sein Territorium markiert, indem man einen Spaten in den Boden steckt, ist lächerlich. Wie andere Spezies darauf zu pinkeln wäre vielleicht immerhin ein etwas natürlicheres Gesetz. So oder so, die Tatsache bleibt, dass diese völlig absurde Rechtfertigung von Eigentum an der Natur den Kern heutigen Rechts und heutiger Wirtschaft bildet.

Privateigentum ist Ausschluss

Der Kapitalismus kann nicht leisten, was er verspricht. Er kann uns nicht allen privaten Luxus bringen. Wir können uns nicht länger einreden, dass wir uns alle auf demselben Weg zum persönlichen privaten Luxus befinden. Einige Menschen sind auf diesem Pfad, andere auf einem anderen, und die Ersteren beuten die Letzteren aus. So funktioniert das System. Es basiert auf einer Lüge, einer fundamentalen Lüge, die wiederum auf einer noch grundlegenderen Lüge beruht, die den Besitz und die Kontrolle über die Natur rechtfertigt.

Privater Luxus in einer begrenzten Welt bedeutet immer den Ausschluss anderer Menschen. Das ist es, was Eigentum ausmacht: Es geht darum, andere Menschen auszuschließen und Natur exklusiv für sich zu beanspruchen. Eigentum ist exklusiv, Eigentum schließt aus. Und so ist die Vorstellung, dass wir alle diesen privaten Luxus genießen könnten, paradox, denn es geht ja darum, andere Menschen auszuschließen: Je mehr privaten Luxus du anhäufst, desto mehr Menschen schließt du aus, desto grundlegender wird ihr Ausschluss. Nach und nach führen die Zäune, die wir zum Ausschluss anderer aufbauen, dazu, dass wir selbst von ihnen eingeschlossen werden. Das Versprechen des Kapitalismus kann nicht als Rezept für universellen Wohlstand dienen. Dieses Versprechen vom privaten Luxus für alle ist nicht einlösbar.

Öffentlicher Luxus, private Suffizienz!

Öffentlicher Luxus hingegen *ist* möglich! Öffentlicher Luxus bewirkt, dass *mehr* für alle entsteht. Ein fantastischer öffentlicher Park ist zum Beispiel etwas, das mehr Raum für alle schafft: Aus einer Fläche, die sonst vielleicht verschlossen und von einigen wenigen in Beschlag genommen würde, wird ein Ort für viele, ein Ort, an dem sich alle aufhalten können. Prinzipiell kann jede*r sich darin aufhalten, diesen Raum nutzen und sich innerhalb des durch unsere Regeln selbst gesetzten Rahmens vergnügen. Das Gleiche gilt für gemeinschaftlich genutzte Kleingärten, öffentliche Schwimmbäder und Tennisplätze, Bibliotheken, öffentlichen Nahverkehr oder eine kostenfreie Gesundheitsversorgung. Wenn man wirklich gute öffentliche Dienstleistungen und Güter schafft, dann schafft man mehr für alle. Indem ökologische Ressourcen gemeinsam genutzt werden, schaffen wir Raum, der allen zugutekommt. Wir sorgen dafür, dass diese Ressourcen viel weiter reichen, ohne dass wir an planetare Grenzen stoßen.

Öffentlicher Luxus ist der einzige Weg in eine Welt des Wohlstands für alle. Wenn jede*r in Newcastle versuchen würde, einen eigenen Swimmingpool, einen eigenen Tennisplatz, einen eigenen großen Garten oder eine eigene Kunstsammlung zu besitzen, würde Newcastle die gleiche Fläche wie London einnehmen. London würde halb England bedecken, England würde ganz Europa bedecken usw. Es gibt einfach nicht genug Platz für uns alle, um privaten Luxus für alle zu realisieren. Mit Öffentlichem Luxus ist Wohlstand für alle machbar.

Öffentlich bezieht sich bei Weitem nicht nur auf den Staat. Während der Staat sicherlich eine entscheidende Rolle spielt, ist für Öffentlichen Luxus insbesondere der große und vernachlässigte Sektor der Gemeingüter, der Commons, von zentraler Bedeutung, das heißt Ressourcen in Gemeinschaftsbesitz oder unter Gemeinschaftskontrolle. Die Prinzipien der Commons können auch der grundlegenden Demokratisierung des politischen und wirtschaftlichen Raums zugutekommen. Viele unserer gemeinsamen Ressourcen können wir auf Gemeinde- oder Gemeinschaftsebene kontrollieren, besitzen oder verwalten. Kooperationen zwischen unterschiedlichen lokalen Gemeinschaften mit der Kommune oder auch dem Staat können je nach Kontext sinnvoll sein. Wichtig ist dabei das Subsidiaritätsprinzip, sodass Entscheidungen immer von einer möglichst kleinen Einheit getroffen und umgesetzt werden. Wir sollten diese Kontrolle nur dann an eine größere Einheit abgeben, wenn es nicht möglich ist, unsere Ressourcen auf lokaler Ebene gerecht und ausgewogen zu verwalten. Natürlich muss es auch eine Verteilung des Wohlstands zwischen den Gemeinden und Regionen geben – einer der vielen Gründe für einen Staat, der aktiv umverteilt.

Verbunden mit Öffentlichem Luxus ist für mich das Ziel der privaten Suffizienz. Ich schätze mein Büro, ich schätze mein Zuhause, aber ich denke nicht, dass wir das Recht auf ein Haus haben sollten, das mehr Umweltressourcen verbraucht und mehr Umweltschäden verursacht, als uns individuell zusteht. Dementsprechend möchte ich leben. Wohlgemerkt richten wir alle in den reichen Ländern sicherlich mehr Schaden an, als uns zusteht. Ein Schritt, um hier Gerechtigkeit herzustellen, ist, die Art und den Umfang unserer eigenen privaten Räume und Ressourcen vom Suffizienzprinzip leiten zu lassen. Wir sollten Dinge haben, die uns gehören und niemandem sonst. Das ist in Ordnung. Wir sollten einen privaten Raum haben, aber der private Raum sollte sich auf das Nötige beschränken. Es sollte genug sein, um ein gutes Leben zu führen, aber eben nicht mehr als genug. Ich denke, dass dieses Wort wahrscheinlich das gefährlichste Wort des 21. Jahrhunderts ist, das Wort »genug«. Denn dieses Wort »genug« verstößt gegen das grundlegende wirtschaftliche Prinzip, das »mehr« lautet. Das Prinzip, das immer mehr Wachstum, Expansion und »wirtschaftlichen Fortschritt« fordert. »Genug« ist vielleicht das radikalste Wort in der heutigen Sprache. »Genug« ist das, wovon Ingrid Robeyns – um abschließend auf sie zurückzukommen – spricht, wenn sie eine Obergrenze für individuelles Privatvermögen fordert. In unserer privaten Sphäre sollten wir ausreichend haben, aber auch so etwas wie »genug« kennen. Luxus sollten wir gemeinsam in der öffentlichen Sphäre anstreben. Deshalb ist das, wofür ich mich einsetze: Öffentlicher Luxus und private Suffizienz.

Übersetzt aus dem Englischen von Vincent Janz und Lukas Warning.

KLIMAGERECHTIGKEIT UND ÖFFENTLICHER LUXUS

Kämpfe verbinden für ein schönes Leben FÜR ALLE

von der BUNDjugend*)

**) Fatim Selina Diaby*

Das Leben könnte für alle so schön sein – aber das ist nicht die derzeitige Realität. Stattdessen leben wenige auf Kosten von vielen. Stattdessen gibt es Krisen, von denen einige profitieren und andere, besonders marginalisierte Menschen und Gruppen, negativ betroffen sind. Das spiegelt sich auch in der Klimakrise wider. Denn Menschen, die (Mehrfach-)Diskriminierung wie Sexismus, Rassismus, Queerfeindlichkeit, Ableismus oder Klassismus erleben, leiden auch stärker unter den Auswirkungen der Klimakrise.

Damit ist die Klimakrise eine Krise von vielen und der Kampf für Klimagerechtigkeit nur möglich in Verbindung mit anderen sozialen Kämpfen. Es ist ein Kampf gegen Krisen, die exklusives – also ausschließendes – Eigentum in sich tragen. Es ist ein Kampf gegen Profite und eine Praxis, die Gewalt und Widerstand zur Lebensrealität von vielen macht.

In den aktuellen Krisen setzen sich Gewalt- und Unterdrückungsverhältnisse aus der Vergangenheit fort. Sie lehren, dass Gerechtigkeit nicht für alle gilt sowie exklusiv verteilt und gelebt wird. Dass besonders (ehemals) kolonialisierte Gebiete und Generationen am stärksten von den Auswirkungen der Klimakrise betroffen sind, ist daher kein Zufall. Es sind Gewalt und Krisen, die dafür sorgen. Sie sorgen dafür, dass Hände am Ende des Monats Münzen zählen und dass Hände andere pflegen müssen, auch wenn sie nicht wollen und müde sind. Sie machen Hände zur Ware, stellen Hände zum Verkauf und bestrafen, wenn nicht das Gewollte geliefert wird. Sie sorgen dafür, dass Augen Leid sehen und Herzen Schmerz fühlen: jeden Tag, vor allem in Gebieten, die nicht geschützt werden, außer wenn es um Ressourcen geht.

Veränderungen sind nicht nur nötig, sondern auch möglich, und zwar so, dass keine*r auf Kosten anderer lebt, alle Zugang zu grundlegenden Versorgungs- und Dienstleistungen haben, historische Ungleichheiten korrigiert und entschädigt werden, dass alle sich sicher fühlen und frei entfalten können, dass die Erde nicht weiter zerstört, sondern gepflegt wird und Beziehungen der Fürsorge den Alltag gestalten. Darin zeigt sich die Schönheit des Lebens für alle; in Bedingungen und Realitäten, die strukturelle Ungerechtigkeiten, Gewalt und Diskriminierungen unmöglich machen. Um das zu erreichen, braucht es Öffentlichen Luxus und Klimagerechtigkeit.

Visionen für ein schönes Leben für alle: Gemeinsam und klimagerecht

Böden der Gewalt und Ausbeutung, die hart wie Beton sind, können auseinanderbrechen. Sie können der Ursprung für ein Zusammenleben sein, das gemeinsam gestaltet ist und Krisen entgegensteht. (Neue) Beziehungen der Fürsorge und Gemeinsamkeit können wie Sprösslinge aus diesen Böden sprießen. Das geht, wenn keine Trennung mehr stattfindet: keine Trennung mehr zwischen Leben, das schützenswert ist, und Leben, das es nicht ist. Das geht, wenn geteilt und nicht unterteilt wird. Mit diesem Bewusstsein lassen sich Dinge ändern – radikal und fundamental. Der Wille zu verändern, einen Ausgleich zu leisten und zu transformieren, ist getragen von Visionen für ein schönes Leben aller – gemeinsam und klimagerecht. Damit lässt sich Geschichte aufbrechen, die sich bis ins Heute trägt.

Die Klimakrise ist das Ergebnis jahrhundertelanger Trennung und Ausbeutung. Die Geschichte der Klimakrise ist aber nicht nur eine der Zerstörung, sondern auch eine des Widerstands. Ein Widerstand, der immer existiert hat und sich gegen Ungerechtigkeiten richtet sowie gegen Besitz stellt, der durch Gewalt gewonnen und gehalten wird. Heute und in Zukunft setzt sich dieser Widerstand fort und muss sich besonders gegen die Erfindung, Etablierung und den Schutz von exklusivem Eigentum richten. Eigentum wurde zu einer Kategorie und einer Lebensweise des gewaltvollen Besitzens. Wer besitzt, bestimmt. Wer besessen wird, wird bestimmt.

Die Ursprünge der Klimakrise sind die von exklusivem Eigentum. Sie liegen im (europäischen) Kolonialismus, der sich bis ins Heute zieht. Sie liegen in Rassismen und anderen Formen der Kontrolle, Bewertung und Ausbeutung von Leben, die Profit zugrunde liegen. Sie liegen in den gewaltvollen Bedingungen, die Profit ermöglichen. Sie liegen in der brutalen Trennung und Unterbrechung von Beziehungen und Leben. Sie liegen in der Exklusivität von Eigentum und der Gewalt des Besitzens und des Besessenwerdens.

Für Öffentlichen Luxus zu kämpfen, bedeutet, sich gegen die Klimakrise zu stellen und sich für Gerechtigkeit einzusetzen. Denn wenn kollektiv besessen wird, kann auch gemeinsam über Wohlstand und Reichtum bestimmt werden. Dafür muss begangene Gewalt und Ungerechtigkeit aufgearbeitet, entschädigt und für die Zukunft unmöglich gemacht werden. Öffentlicher Luxus bedeutet ein Leben, das nicht auf Böden der Gewalt und Ausbeutung steht. Er bedeutet kollektiven Wohlstand und ein Gemeinwohl, für das es sich zu kämpfen lohnt. Einen Wohlstand, der sich nicht über mehr Besitz oder höheres Einkommen definiert, sondern durch ausreichende Mengen und die hohe Qualität von lebenswichtigen Dingen und Dienstleistungen, die für alle barrierefrei zugänglich sind. Öffentlicher Luxus ist zum Beispiel Wohnen, das selbstbestimmt ist und nicht durch Diskriminierungen oder das Nichtvorhandensein von Geld, bestimmten Staatsangehörigkeiten und Kontakten begrenzt wird. Er bedeutet frische, nährstoffreiche Lebensmittel für alle, kostenlosen Transport, der nicht kriminalisiert, weil es keine Ticketkontrollen mehr braucht, und somit insgesamt eine Mobilität, die Grenzenlosigkeit kennt und jedem ein sicheres Mobilsein ermöglicht, egal, in welchem Körper. Diese Veränderungen werden getragen und entstehen durch eine spezifische Form von Gemeinwohl. Es gilt, Beziehungen der Fürsorge und gegenseitigen Verantwortung für das Wohlergehen aller zu stärken und zu verankern. Und zwar so tief, dass Diskriminierungen, Gewalt und Ausbeutung immer wieder und überall angegangen und bekämpft werden, damit diese nicht mehr Leben bestimmen und zerstören.

Um jedes Leben auf der Erde zu schützen, wertzuschätzen und zu erhalten, braucht es Klimagerechtigkeit. Das bedeutet, die Klimakrise nicht lediglich als Umwelt- und technische Herausforderung zu verstehen, sonders als eine Krise der Ungerechtigkeiten in verschiedenen Bereichen: sozial, politisch, ökonomisch, ökologisch und kulturell. Die Klimakrise muss als Frage sozialer Gerechtigkeit verstanden werden. Klimagerechtigkeit heißt dann, soziale und ökologische Kämpfe für Gerechtigkeit miteinander zu verbinden. Diese Verbindung zeigt sich bereits in der Verstrickung verschiedener Diskriminierungsformen mit der Klimakrise. Eine Welt ohne Kohle, Öl, Gas, Umweltzerstörung und Ausbeutung von Ressourcen ist untrennbar mit dem Schaffen einer solidarischen und gleichberechtigten Gesellschaft verbunden. Klimagerechtigkeit bedeutet, zu erkennen und zu benennen, wer die (Haupt-)Verursacher*innen der Klimakrise und wer die (Haupt-)Betroffenen sind. Daraus ergeben sich unterschiedliche Verantwortungen, denen sich gestellt werden muss. Verantwortungen, die sich nicht nur auf das Jetzt beziehen, sondern auch auf das

Gestern und vor allem das Morgen. Klimagerechtigkeit heißt somit Gerechtigkeit für vergangene, heutige und zukünftige Generationen. Es ist das Recht jeden Lebens, auf einer Erde zu sein, die ein schönes Leben ermöglicht. Klimagerechtigkeit bedeutet, frei und eigenständig atmen zu können, ohne Verschmutzung, Dreck und ohne jemals ein Knie im Nacken spüren zu müssen, wie George Floyd in Minneapolis oder Zefanias M. in Berlin. Sie bedeutet das Recht auf Unversehrtheit von Körpern, die frei von radioaktiven Strahlen und Pestiziden sind. Sie bedeutet, Böden, die Nährstoffe in sich tragen, Böden, die Sprösslinge der Veränderung keimen lassen, und Ökosysteme, in denen zusammengearbeitet wird, um Leben zu ermöglichen, zu erhalten. Klimagerechtigkeit ist, Beziehungen zwischen allem Leben auf und mit der Erde (wieder-)aufzubauen – mit genügend Zeit und Ressourcen, um mit-, um- und füreinander zu sorgen. Klimagerechtigkeit erfordert kollektives Wohlergehen. Das bedeutet, dass das Handeln des Einzelnen mit dem kollektiven Handeln verbunden ist. Gemeinwohl, Solidarität und das schöne Leben für alle stehen im Fokus: Ausgeruhte Hände, die andere umfassen, Augen, die Wohlbefinden betrachten und Herzen, die Freude empfinden.

Aber Klimagerechtigkeit ist nicht die aktuelle Realität. Das liegt auch wesentlich an der Etablierung von exklusivem Eigentum. Die Idee, Umsetzung und der Schutz von Eigentum halten koloniale, rassistische und ausbeuterische Machtsysteme aufrecht. Damit einher geht eine gewaltvolle Aus- und Abgrenzung, die auf Profit aufbaut und Leben zerstört. Es entstehen und verfestigen sich Beziehungen der Hierarchie und der Differenz, die Gerechtigkeit verhindern. Das bedeutet: Es gibt keine Klimagerechtigkeit, solange es exklusives Eigentum und exklusives Besitzen gibt, die auf Gewalt beruhen. Öffentlicher Luxus ist somit ein wichtiger Bestandteil der Klimagerechtigkeit, um die derzeitige Lebensrealität von vielen gerecht zu verändern und kollektiven Wohlstand zu realisieren.

Von exklusivem Eigentum zu kollektivem Wohlstand

Eigentum wird oft als universelles Konzept verstanden. Als wäre es überall gleich gültig und müsste nicht hinterfragt werden. Eigentum als universelles und neutrales Konzept gibt es aber nicht. Stattdessen ist Eigentum, wie es heutzutage meist verstanden wird, exklusiv, spezifisch und historisch gewachsen. Es ist besonders kolonial, westlich und *weiß* geprägt und somit eng mit Vergangenheiten und Gegenwarten der Gewalt verbunden. Damit es keine Weiterführung einer solchen Gewalt gibt, muss zunächst die Entstehung von Eigentum in Verbindung mit der Gewalt des europäischen Kolonialismus, Kapitalismus und somit auch der Klimakrise verstanden werden. Diese dreifache Gewalt beeinflusst und bestimmt die Realität der Vielen. Ein exklusives Konzept von Eigentum erhält diese Realität aufrecht, anstatt sie zu brechen.

Die Exklusivität von Eigentum war ein Mittel für europäische Kolonialist*innen, um Gewalt an den kolonialisierten Bevölkerungen und Gebieten auszuüben. Eigentum wurde während des Kolonialismus durch das gleiche Gesellschaftssystem der Hierarchie etabliert, das auch ein unverzeihliches Ausmaß an Gewalt gegenüber bestimmtem Leben auf der Erde rechtfertigte. Allgemein stellt der europäische Kolonialismus eine nie da gewesene systematische Ermordung, Versklavung und Vertreibung von Millionen Menschen sowie die Zerstörungen von Ökosystemen dar. Leben wurden brutal entwurzelt, nach Europa verschleppt und durch Völkermorde und tödliche Gewalt beendet. Es kam zu unumkehrbaren (ökologischen) Lebensveränderungen. Als das nördliche Abya Yala mit der Ankunft des Kolonialisten Christopher Kolumbus 1492 nach und nach zu dem heutigen Siedler*innenstaat der Vereinigten Staaten von Amerika wurde, leitete dies eine unwiderrufliche Auslöschung indigener Lebensweisen und indigenen Lebens ein. Zwischen 1492 und 1650 ermordeten Europäer*innen 90 bis 95 Prozent der dortigen indigenen Bevölkerung: Von den zuvor circa 60 Millionen Menschen überlebten wenige Millionen. Dies war ein Genozid, der das Land und das Leben radikal veränderte und sogar in geologischen Schichten nachgewiesen werden kann.

Die Klimakrise ist das Ergebnis von Geschichten der Gewalt, die bis heute anhalten. Auch das Konzept von exklusivem Eigentum macht dies deutlich und stützt sich auf eine gewaltvolle Definition von Menschen. Europäische Kolonialist*innen definierten Menschen in einer Enge, die jedes Leben ausgrenzte, das nicht *weißen* Normen entsprach. Durch diese Aus- und Abgrenzung festigte sich eine Trennung, die abweichenden Lebensformen in eine (ab-)wertende Beziehung zueinander setzt. *Weiße* Kolonialist*innen grenzten sich von allem als nicht-menschlich angesehenen Leben ab. Diese Abgrenzung rechtfertigte, dass nicht-menschliches Leben zu Eigentum werden konnte. Es vollzog sich eine Entmenschlichung und eine Inbesitznahme von Leben. Dazu zählten neben Natur auch Braune und Schwarze Körper. Sie wurden zu natürlichen Ressourcen, die ihren Wert durch ihre Nutzbarkeit für europäischen Kolonialismus, Dominanz und Herrschaft erhielten. Solch ein gewaltvolles und hierarchisches Verständnis von Leben auf der Erde hält sich in dem exklusiven Konzept von Eigentum. So waren Eigentumsrechte während des europäischen Kolonialismus eines der wichtigsten Mittel, um Land einzunehmen und Anspruch auf das Leben von Kolonialisierten und ihren »Besitz« zu erheben. Eigentum ist somit eng verbunden mit einem Akt der Besetzung, wie ihn Kolonialismus darstellt: Um aus Land exklusives Eigentum machen zu können, muss es als *terra nullius*, als Niemandsland, betrachtet werden. Es ist Boden, der als niemandem zugehörig definiert wurde, weil Europäer*innen ihn noch nicht besetzt hatten. Somit stand er für die Zerstörung, Ausbeutung und koloniale Expansion zur Verfügung und rechtfertigte die Ausweitung von kolonialer Macht und Gewalt.

Die Ankunft von *weißen* Menschen in als »unbewohnt« bewerteten Gebieten mit dem Ziel der dauerhaften Besiedelung machte Land und Leben zu exklusivem Eigentum. Eigentum, das mit Unterwerfung und Vernichtung einhergeht. Eine zerstörerische Form des Eigentums, die den gewaltsamen Bruch von Beziehungen zwischen Leben – dem von Menschen, Bäumen, Pflanzen, Tieren, Wasser, Erde und Luft – mit sich bringt. Natur wird hier normativ als etwas verstanden, über dem der Mensch steht und von dem sich abgegrenzt wird. Land gilt so lange als unberührt, unbesetzt und nicht genutzt, bis *bestimmte* Menschen die Natur auf *bestimmte* Weise besiedeln und transformieren. Eine Bestimmtheit, die auf Gewalt, Zerstörung und Ausbeutung beruht und es zu exklusivem Eigentum macht. Vor der Besetzung gab es dieser Denkweise nach kein exklusives Eigentum.

Mit der Einführung dieser Art von Eigentum – das mit einem System von Besitztiteln durch kolonialstaatliche Registrierung einherging – waren alle früheren Beziehungen, die heute als Eigentums- und Nutzungsansprüche definiert werden würden, aber nicht in die staatlichen Register eingetragen wurden, juristisch null und nichtig. Das besetzte Land wurde exklusiv. Dies schuf einen Boden, der Vertreibung voraussetzte. Das Leben, das das Land jahrhundertelang geprägt, gepflegt und genährt hatte, wurde zu einem Leben der Erinnerungen, das keinen Halt mehr fand auf und in diesem Boden. Dadurch wurde es unmöglich, Beziehungen zwischen Menschen sowie Beziehungen zwischen Menschen und Natur, die vor der Exklusivität von Eigentum bestanden hatten, in dem gleichen Maße fortzuführen. Eigentum unterstützte damit eine gewaltvolle Trennung zwischen dem, was zu Natur gemacht wurde, und dem, was als menschlich galt.

Für Kolonialisierte, die mit rassifizierten und vergeschlechtlichen Identitäten zu Natur gemacht wurden, war zudem die Möglichkeit des Eigentümer*innensein besonders eingeschränkt. Das galt vor allem, wenn die Merkmale *weiß* und *männlich* nicht erfüllt waren. Indigene Personen waren in vielen kolonialen Kontexten nicht berechtigt, ihre Lebensgrundlagen registrieren zu lassen, oder wurden vor zahlreiche bürokratische und praktische Hürden gestellt. Die Einführung eines Registrierungssystems erklärte sie zu Nichteigentümer*innen und diente oftmals der Enteignung. Die Natur, inklusive Schwarzer und Brauner Körper, wurde so zu *weißem,* westlichem und kolonialem Eigentum. Diese Wertung war gewollt, denn sie schuf eine Hierarchie, mit der die Überlegenheit von bestimmten Leben konstruiert wurde und die Gewalt gegen andere rechtfertigte. Eigentum in diesem Kontext zu betrachten und zu analysieren hilft zu verstehen, wie exklusives Eigentum die Geschichte von kolonialer, lebens- und beziehungszerstörerischer Gewalt fortschreibt. Eine Geschichte und Gegenwart, die mit der Klimakrise zusammenhängen.

Die Klimakrise ist ein Resultat von Eigentumsdenken und entsprechendem Handeln, das bestimmte Menschen sowie Natur zum *Anderen* erklärte und zur Ausbeutung freigibt. Es ist das gleiche Denken und Handeln, das bestimmte Menschen versklavt, die Natur zerstört und diese Gewalt normalisiert. Es wirkt aber nur deswegen normal, weil bestimmte Menschen und Natur zu exklusivem Eigentum gemacht und entwertet werden und andere davon profitieren. Rechtmäßiges exklusives Eigentum ist eine Illusion, wenn es auf einer Geschichte des Unrechts fußt. Eine Illusion, die durch Rassismus, Unterdrückung und Ausbeutung möglich gemacht wurde und wird. Cheryl Harris spricht in diesem Zusammenhang von »Whiteness as Property«. Dabei basieren *Weiß*sein und Eigentum auf den gleichen gesellschaftlichen und kulturellen Vorstellungen: *Weiß*sein selbst wird als eine Art Eigentum verstanden, das Diskriminierung, Enteignung und Ausbeutung erlaubt. Es ist eine Form von Deutungshoheit und Anspruch auf Privilegien, die erfunden, etabliert und beschützt werden müssen, um fortzubestehen. Besonders der während der Kolonialzeit entworfene Rassismus macht dies deutlich. Er bildete die Grundlage, auf der bis heute geraubt, entmenschlicht und getötet wird.

Aus gewaltvollen Systemen ausbrechen mit Klimagerechtigkeit und Öffentlichem Luxus

Eine andere, eine gerechte Welt wird nicht einfach so entstehen. Es braucht eine Transformation des Denkens, Handelns und Miteinanders auf und mit der Erde. Es braucht eine Veränderung sozialer Beziehungen, die eine Gesellschaft schafft, die zusammenarbeitet und kämpft, und zwar für das Wohl aller und für kollektiven Wohlstand. Es braucht die Anerkennung, die Ausweitung und die Weiterentwicklung transformativer Praktiken. Praktiken, die miteinander existieren, die kontextspezifisch sind und eine Vielfalt an Gestaltung fördern. In dieser Tradition stehen auch Klimagerechtigkeit und Öffentlicher Luxus – als Praktiken, die bereits existieren und noch entstehen werden und sich (stetig) verändern. Sie stellen sich gegen Systeme der Ausbeutung und der Macht mit dem Ziel, aus diesen auszubrechen: Für Gemeinwohl und Gerechtigkeit. Das Brechen mit exklusivem Eigentum und gewaltvollem Besitzen bedeutet ein solches Ausbrechen. Weg von gewaltvollen Systemen und Lebensweisen, die Ressourcen und Bedürfnisse in einer Art und Weise bestimmen, die sich in eine unumkehrbare Transformation und Auslöschung von Leben übersetzen. Weg von erzwungener Trennung, die den Schmerz fortführt, der der Klimakrise innewohnt und Leben von der Erde nimmt. Weg von rassistischen Machtsystemen, europäischem Kolonialismus und globalem Kapitalismus, die sich ans Heute anpassen und lokal verankern. Der Bruch mit Systemen der Gewalt bedeutet, sich gegen unendliches Wirtschaftswachstum zu stellen, das für eine Lebensweise steht, die ausbeutet und keine Rücksicht auf Leben nimmt, sondern Kapital und seiner Profitlogik folgt.

Eine Gesellschaftsvision von Öffentlichem Luxus und Klimagerechtigkeit, die ein solidarisches Zusammenleben ermöglicht, ist deshalb unabdingbar. Sie bedeutet Widerstand gegen Krisen der Ungerechtigkeit. Ein Widerstand, der Böden der Gewalt auf- und auseinanderbricht. Ein Widerstand, der gemeinsam gestaltet ist, um Gerechtigkeit für alle zu erreichen. Dafür braucht es Beziehungen der Fürsorge und Netzwerke der Gegenseitigkeit, die auf aktiver Solidarität beruhen. Getragen wird dieser Widerstand von der Gewissheit, dass der Kampf für Gerechtigkeit seit Jahrhunderten geführt wird und im Heute weiterlebt. Er lebt in der Verkörperung und Initiierung der gewünschten und gebrauchten Werte, Praktiken und institutionellen Formate. Er lebt in jedem Versuch und jeder Verpflichtung, in Verbindung zu und mit anderen zu handeln. Er lebt in der Macht, Orte und Kontexte zu kreieren, die Leben erhalten, pflegen und wertschätzen – in Gemeinsamkeit und in Krisen.

Das Leben ist schön für alle – mit Öffentlichem Luxus, der Systeme und Logiken des exklusiven Eigentums, der Macht und Hierarchie herausfordert und sie überwindet. Öffentlicher Luxus, der neue Realitäten und Bedingungen schafft, die es erleichtern, Diskriminierungen entgegenzuwirken. Öffentlicher Luxus, der kollektiv gelebt und gestaltet wird. Öffentlicher Luxus, der klimagerecht ist und alles Leben auf der Erde schützt. Öffentlicher Luxus, der bedeutet: in einer Gesellschaft zu leben, die füreinander sorgt, miteinander kämpft und Strategien für ein Ausbrechen aus den Systemen der Gewalt gemeinsam umsetzt. Für Hände, die keine Münzen mehr zu zählen brauchen, Hände, die pflegen, weil und wann sie können, Hände, die beständig sind, Augen, die sich anschauen, und Herzen, die Zusammenhalt fühlen.

Quellen & weiterführende Literatur

— Brenna Bhandar: Colonial Lives of Property: Law, Land, and Racial Regimes of Ownership, Durham 2018.

— BUNDjugend (Hrsg.): Kolonialismus & Klimakrise: Über 500 Jahre Widerstand, Berlin 2021.

— Heather Davis/Zoe Todd: On the Importance of a Date, or, Decolonizing the Anthropocene, in: ACME. An International Journal for Critical Geographies 4/2017, S. 761–780.

FEMINISTISCH vergesellschaften

Kommunalpolitische Strategien für eine Sorgende Stadt

von
Barbara Fried &
Alex Wischnewski

Aus einer feministischen Perspektive steht die Vergesellschaftung von Sorgearbeit im Zentrum eines linken Transformationsprojekts. Um die Idee von Öffentlichem Luxus oder auch Infrastruktursozialismus praktisch anzugehen, ist es an erster Stelle nötig, bestehende Care-Infrastrukturen der Markt- und Profitlogik zu entziehen. Kein leichtes Unterfangen, und dennoch wäre damit nur das »halbe Problem« gelöst. Denn es reicht nicht, lediglich die Bereiche zu vergesellschaften und demokratisch zu organisieren, in denen Care lohnförmig und institutionalisiert geleistet wird.

Ebenso wichtig ist es, die Isolation in den eigenen vier Wänden zu durchbrechen und Bedingungen zu schaffen, unter denen das alltägliche Umeinander-Sorgen nicht zur Selbstaufgabe zwingt, sondern als das erlebt werden kann, was es ist: elementar für unser Leben und eine besondere Qualität in unseren Beziehungen. Nötig ist dafür eine doppelte Entprivatisierung. Und das bedeutet nichts weniger, als die gesellschaftlich notwendige Arbeit neu zu verteilen und die Art und

Weise, wie Sorge in unserer Gesellschaft organisiert ist, grundlegend umzubauen. Die Aufgabe ist enorm, aber auch um die alles infrage stellende Klimakrise abzufedern, sind eine Aufwertung und Reorganisation von Care-Arbeit als wichtige Säule eines »neuen Wohlstandsmodells« unverzichtbar. Wie also lassen sich im Hier und Heute transformatorische Politiken gestalten und Projekte zum Einstieg in diesen Umbau entwickeln?

Das Konzept »Sorgender Städte« kommt aus dem spanischen Munizipalismus und zeigt, wie Schritte in diese Richtung gegangen werden können. Bewegungsparteien wie Barcelona en Comú verbinden in ihrem »rebellischen Regieren« auf kommunaler Ebene den Umbau der (Sorge-)Ökonomie mit Organisierung und Selbstermächtigung. Erkennbar wird ein feministisch-sozialistisches Transformationsprojekt, das darauf abzielt, die verschiedenen Felder der Sorgearbeit schrittweise dem Markt zu entziehen, demokratisch umzuorganisieren und gleichzeitig die häusliche Sorge zu entlasten, zu entindividualisieren und so nach und nach in gesellschaftliche, kollektive Verantwortung zu nehmen. In diesem Text wollen wir einen Vorschlag machen, wie die Ideen aus Spanien auch hier wirksam werden können und wie ein konkretes Einstiegsprojekt im Bereich Altenpflege aussehen kann, das sowohl gemeinwohlorientierte Infrastrukturen als auch gesellschaftliche Absicherung von häuslicher Pflege beinhaltet und so den Öffentlichen Luxus feministisch ausbuchstabiert.

Eine Frage von Eigentum und Geschlecht

Dass eine Neuorganisation von Sorgearbeit notwendig ist, drängt sich heute fast schon auf. Es fehlt eigentlich überall, wo es um soziale Dienstleistungen geht, an qualifiziertem Personal und an bedarfsdeckenden Angeboten. Das betrifft Krankenhäuser, die Altenpflege, Kitas und Schulen. Aber auch in den Haushalten, in den Familien und verschiedenen Lebensgemeinschaften sind die vielen Care-Aufgaben und Anforderungen angesichts ausufernder Erwerbsarbeit, Prekarisierung und der Folgen multipler Krisen wie Inflation, Mietenwahnsinn, steigende Energiepreise etc. kaum mehr zu stemmen. Nicht zu reden von all jenen Sorgearbeiten, die für ein gutes Leben und die Nachhaltigkeit unserer Gesellschaft zentral sind, aber von vielen kaum oder nur um den Preis großer Erschöpfung geleistet werden können: die Sorge um Freund*innen, Care-Communities oder Sorgearbeit im Kontext von queeren und trans* Lebensweisen genauso wie politische Arbeit, Organisierung und Selbstermächtigung. Feminist*innen sprechen in diesem Zusammenhang von einer Krise der sozialen Reproduktion.

In der marxistisch-feministischen Gesellschaftstheorie wird zwischen Produktion und Reproduktion unterschieden, also zwischen dem auf Güter- und Wertproduktion orientierten Teil der Ökonomie und den Tätigkeiten, die die Bedingungen dieser Produktion sichern. Dazu gehören unter anderem alle Arbeiten, die nötig sind, um die »Ware Arbeitskraft« zu regenerieren, also Nahrungsversorgung, Haushaltsarbeit, Bildung und medizinische Dienstleistungen genauso wie die Arbeiten an der nächsten und der vorherigen Generation, also Kindererziehung, Altenpflege oder Assistenz. In einem weiten Verständnis lassen sich auch Tätigkeiten in den Nachbarschaften, in der Kultur oder jene zum Erhalt der gesellschaftlichen Naturverhältnisse dazuzählen. In der kapitalistischen Logik gelten all jene Aktivitäten als nicht-produktiv im Sinne der Wertschöpfung, was ein Grund dafür ist, dass sie als »teuer« oder »kostenintensiv« wahrgenommen und häufig nicht oder nur schlecht entlohnt werden.

Der Hierarchisierung beider Sphären liegt die den Kapitalismus erhaltende Teilung der gesellschaftlich notwendigen Arbeiten zugrunde, die nicht nur mit der Privatförmigkeit von Eigentum, sondern auch mit den patriarchalen Geschlechterverhältnissen aufs Engste verkoppelt ist. Frigga Haug spricht davon, dass aus der binär-geschlechtlichen Arbeitsteilung zwei unterschiedliche Ökonomien entstehen, von denen die eine die »Produktion der Lebensmittel« sichert, die andere wiederum die »Produktion des Lebens« selbst. Beide funktionieren nach unterschiedlichen Logiken und sind auch im Alltag der arbeitenden Subjekte räumlich getrennt: Während die Güterproduktion im öffentlichen Raum einer auf dem Privatbesitz an Produktionsmitteln basierenden Ökonomie ihren Platz findet und weiterhin als »Männerdomäne« gilt, ist die Produktion des Lebens in den privaten Raum häuslicher Arbeit verbannt. Dort wird sie in der Tendenz von Frauen übernommen.

Durch diese Arbeitsteilung wird Geschlecht als soziale Kategorie erst konstituiert und in der alltäglichen Praxis stets aufs Neue verfestigt: Die Zuweisung bestimmter Tätigkeiten an jeweils unterschiedlich vergeschlechtlichte Personen – d. h., die Arbeiten der Produktion werden in der Tendenz von »Männern« erledigt, während reproduktive Tätigkeiten von »Frauen« übernommen werden – begründet in unserem täglichen Tun eine Praxis, die nicht nur eine binäre Ordnung, sondern außerdem eine Hierarchie zwischen Personengruppen herstellt. In der Folge werden die Tätigkeiten, die historisch mit dem als Frauen bezeichneten Teil der Menschen so sehr identifiziert werden, dass sie als ihre zweite Natur erscheinen, abgewertet. In der tätigen Unterordnung unter die männliche Dominanz finden auch die patriarchale und heterosexistische Gewalt und Erniedrigung ihre gesellschaftliche Basis. Geschlecht ist damit weit davon entfernt, lediglich eine biologische Tatsache zu sein, sondern muss als Teil einer Herrschaftsordnung und eines politischen Regimes begriffen werden. Für alle, die in diese Ordnung nicht zwanglos »reinpassen«, bedeutet es außerdem alltägliche Ausgrenzungs- und Gewalterfahrungen.

Bereits die sozialistische Frauenbewegung hat auf den herrschaftlichen Charakter der geschlechtlichen Arbeitsteilung hingewiesen und darauf, dass die beiden sich daraus ergebenden Ökonomien miteinander verflochten sind und ohneeinander nicht funktionieren würden. Wird jedoch die eine systematisch auf Kosten der anderen ausgebeutet, spitzt sich dies im Sinne der genannten Krise der sozialen Reproduktion zu. Nancy Fraser spricht vom »Allesfresser-Kapitalismus« und meint genau dessen »kannibalistische« Tendenz, die eigenen Voraussetzungen konstant zu untergraben. Dies gilt für die natürlichen Ressourcen, für rassifizierte Arbeit und für die vom Staat bereitgestellten Gemeingüter genauso wie für die tagtäglich ausgebeutete Sorgearbeit. Als ökonomisches System basiert der gegenwärtige Kapitalismus auf der gewaltförmigen Aneignung und Vernutzung immer neuer Quellen des Reichtums, was gleichzeitig seine Krisenanfälligkeit begründet.

Für eine feministische Erweiterung des Konzepts Öffentlicher Luxus ist es daher notwendig, die Gesamtheit der gesellschaftlichen Produktions- und Reproduktionsverhältnisse in den Blick zu nehmen. Als Projekt einer verbindenden Klassenpolitik gilt es, die Verwobenheit von Geschlechter- und Klassenverhältnissen zu erfassen und die Frage von Klasse nicht auf die Lohnarbeit zu verengen. Nur dann lässt sich eine gänzlich neue Organisierung von Sorge denken. Denn weder reicht es, Care-Arbeit zwischen den Geschlechtern gerechter zu verteilen, worauf liberale Feminist*innen, aber auch diverse familienpolitische Maßnahmen bürgerlicher Regierungen setzen. Denn dies würde nichts Grundlegendes an den schlechten Bedingungen ändern, unter denen sie stattfindet. Noch ist es aus sozialistischer Sicht damit getan, die durch Sorgebedarfe entstehende Belastung im Verhältnis zwischen Markt, Staat und Haushalten anders zu gewichten. Ein Transformationsprojekt wie das des Öffentlichen Luxus muss stattdessen darauf zielen, das Ganze der Sorgearbeit zu vergesellschaften, sie also in einem umfassenden Sinne in gesellschaftliche Verantwortung zu nehmen. In letzter Konsequenz heißt das, die geschlechtliche Arbeitsteilung und mit ihr die binäre und heteronormative Anordnung von Geschlecht, also die Setzung von zwei Geschlechtern, die sexuell aufeinander bezogenen sind, aufzuheben.

Doppelte Entprivatisierung

Wie können Schritte dahin aussehen? Zunächst gilt es, Sorgearbeit nicht der Marktsteuerung zu überlassen. Sorge muss dem Zugriff privater Unternehmen und deren Profitlogik entzogen werden. Aber sie muss ebenfalls raus aus der privatisierten Verantwortung in den Haushalten und Kleinfamilien, und darin wiederum der Verantwortung der Frauen.

Wie bereits dargelegt, sind beide Ökonomien – die der »Produktion der Lebensmittel« und die der »Produktion des Lebens« – eng miteinander verbunden, und so bedingt auch die eine Privatisierung die andere. Durch neoliberale Politiken haben sich in allen Bereichen der kommodifizierten Sorgearbeit die Bedingungen stetig verschlechtert, zentrale Angebote der Daseinsvorsorge sind so für viele Menschen nicht mehr zugänglich. Manche Lücken können dadurch gestopft werden, indem Babysitting, Nachhilfe, Reinigungsdienste oder die 24-Stunden-Pflege für die gebrechlichen Eltern formell oder informell und häufig zu schlechten Bedingungen eingekauft werden. Oftmals sind es rassifizierte Menschen, an die diese Arbeiten durchgereicht werden, denn auch hier findet eine Verkopplung statt: diesmal zwischen der Zuweisung bestimmter Arbeiten und der Abwertung von Subjekten entlang einer rassistischen Achse. Gestützt wird diese durch staatlich regulierte Zugänge zum formalen Arbeitsmarkt und den dort erstrittenen Rechten, von denen viele gezielt ausgeschlossen bleiben. Wer es sich nicht leisten kann, auf solche häufig prekären und informellen Arrangements bezahlter Care-Arbeit zurückzugreifen, dem bleibt nichts anderes übrig, als sich auf Familienangehörige oder soziale Netzwerke zu verlassen. Die finanziellen und die emotionalen Kosten werden in beiden Fällen privatisiert.

Um eine doppelte Entprivatisierung zu erreichen, braucht es zunächst eine (Rück-)Verlagerung von privatisierten Sorgeinfrastrukturen in öffentliche oder gemeinwohlorientierte Hand, also eine (Re-)Kommunalisierung. Zentral ist dabei, dass diese nicht nur eine gute Sorgequalität, sondern auch gute Bedingungen für die dort Beschäftigten bieten. Nur dann wollen Menschen (gleich welchen Geschlechts) im Care-Bereich arbeiten und nur dann lassen sich diese Infrastrukturen überhaupt als Orte guter Sorge denken. Dieses Anliegen schließt an lokale Kämpfe an, die immer wieder breite Resonanz finden, etwa um Krankenhäuser oder im weiteren Sinne um den Nahverkehr oder die Wasser- und Energieversorgung. Darüber hinaus braucht es einen massiven Ausbau dieser öffentlichen sozialen Infrastrukturen, etwa Kitas, ambulante und stationäre Pflegeeinrichtungen sowie Angebote der Jugendhilfe sowie für Menschen mit Behinderungen.

Eine feministische Perspektive auf Öffentlichen Luxus erweitert gleichzeitig das vorherrschende Verständnis von Infrastrukturen. In einer solchen Perspektive kommen auch Netzwerke, Allianzen, Beziehungen und Alltagspraktiken in den Blick, die wir üblicherweise nicht als Infrastrukturen denken. Dazu gehören Solidaritätsinitiativen, die elementare Anlaufstellen für neu ankommende Menschen darstellen, ebenso wie Initiativen zur Kollektivierung von Sorge etwa durch selbstorganisierte Gemeinschaftsküchen, Elterntreffs oder Nachbarschaftszentren.

Ein »Mehr und anders« an Infrastruktur zielt darauf ab, die Personen sowie Haus- und Lebensgemeinschaften zu entlasten, die heute aufgrund horrender Kosten keinen Zugang zu vielen Dienstleistungen haben und bei denen Sorgearbeit oft individuelle Aufopferung bedeutet. Eine Entlastung dieser Haushalte kann aber nicht bedeuten, Sorgearbeit weitgehend an institutionelle Settings zu delegieren. Schließlich hat das

Füreinander-Sorge-Tragen einen positiven Wert in unseren Beziehungen und so in unserem Leben – zumindest dann, wenn die Bedingungen dafür – wie Gehälter, Arbeitszeitregelungen, finanzielle Hilfen für pflegende Angehörige etc. – stimmen.

Vor diesem Hintergrund braucht es auch gesellschaftliche Aushandlungsprozesse darüber, welche Sorgetätigkeiten überhaupt wie und von wem geleistet werden sollen. Was soll in professionalisierter und entlohnter Form erledigt werden? Und was wollen wir zwar aus dem engen Rahmen von Familie und individueller Verantwortung herausholen, der ja oft Vereinzelung, gar Einsamkeit bedeutet, aber eben nicht in Berufstätigkeit überführen oder Einrichtungen übernehmen lassen – selbst wenn diese öffentlich oder gemeinwohlorientiert sind. Das sind große Fragen, die nur im gemeinsamen Tun beantwortet werden können. Für eine schrittweise Vergesellschaftung von Sorgearbeit sind sie essenziell.

Doppelte Demokratisierung

Die Vergesellschaftung von Sorge bedeutet in diesem Sinne längst nicht nur einen Eigentumswechsel von privat zu öffentlich, nicht »Verstaatlichung« allein. Vielmehr geht es um eine echte Demokratisierung, um die gesellschaftliche Verfügung der Vielen über die Bedingungen der sozialen Reproduktion. Wir brauchen Arrangements, die auch auf besondere Bedürfnisse und lokale Bedingungen eingehen und die einen Zugang für bislang häufig ausgeschlossene Bevölkerungsgruppen ermöglichen. Das betrifft etwa queere oder Mehr-Eltern-Familien, Care-Communities sowie eine umfassende Krankenversorgung für Menschen ohne Papiere oder für Transpersonen.

Auch diese Demokratisierung kann doppelt gedacht werden: Zum einen setzt sie voraus, dass der tatsächliche gesellschaftliche Bedarf überhaupt ermittelt wird, in Form einer Aushandlung und Planung unter Beteiligung aller, die davon betroffen sind. Geeignete politische Beratungs- und Entscheidungsstrukturen, in denen all diejenigen vertreten sind, die mitbestimmen sollen, müssten allerdings erst entwickelt werden. Es gibt sie heute noch nicht in geeigneter Form und wir sind es auch nicht gewohnt, so über Sorgestrukturen oder generell über gesellschaftliche Belange nachzudenken. Erste Ansätze existieren allerdings bereits auf verschiedenen Ebenen. So kann so etwas wie ein Pflegeparlament in einem Altenheim in Bremen, also in einer Einrichtung, weitergedacht und übertragen werden auf die Ebene eines Sektors (bspw. Krankenhausplanung) und schließlich auf jener der gesellschaftlichen Planung (bspw. in lokalen und regionalen Räten).

Ansätze für Care-Räte stecken noch in den Kinderschuhen, aber zivilgesellschaftliche Ernährungs- und Klimaräte haben in einigen Städten und Gemeinden bereits eine institutionalisierte Kooperation mit Politik und Verwaltung erreicht. Auch das unter der rot-grün-roten Regierung (2016–2023) in Berlin finanziell geförderte IniForum, ein unabhängiger Zusammenschluss von mietenpolitischen Initiativen, bietet einen interessanten Ansatz für die Demokratisierung von Sorgestrukturen. Der Anspruch bestand hier, unabhängige Strukturen aufzubauen, die dennoch institutionalisierten Einfluss auf parlamentarische Politik nehmen können, etwa im Rahmen von regelmäßigen Anhörungen. Alle diese Strukturen verfügen jedoch nicht über verbriefte Entscheidungskompetenzen. Wie der erfolgreiche, aber rechtlich folgenlose Berliner Volksentscheid von »Deutsche Wohnen & Co. enteignen« zeigt, muss die Verbindlichkeit direktdemokratischer Elemente gestärkt werden.

Ein zweiter Aspekt der Demokratisierung von Sorgearbeit betrifft die Art und Weise, wie Sorgearbeit geleistet wird. Partizipation sollte sich nicht auf die Beteiligung an Gremien beschränken, sondern sich auch auf die konkrete Gestaltung von Sorgepraxen vor Ort beziehen. Welche Form könnten diese annehmen, wenn sie nicht durch Familienrecht, durch

Zeitregime, durch das Auseinanderfallen von Lohn- und Sorgearbeit strukturiert wären oder auch durch die Art, wie unsere Städte und Wohnungen angelegt sind oder wie wir Nähe und Intimität denken? Selbstorganisierte Sorge-Settings oder auch Caring-Communities sind elementar, um überhaupt neue Praxen und andere Formen des Sorgens entwickeln zu können: jenseits von Familie auf der einen und jenseits sozialer Dienstleistungen auf der anderen Seite. Wir brauchen Räume, die Fantasie und Kreativität freisetzen – denn dazu haben wir viel zu wenige praktische Erfahrungen. Gleichzeitig müssen wir uns gut überlegen, wie wir unsere Politiken so entwerfen, dass wir nicht unbemerkt in die Falle des Community-Kapitalismus tappen – wie es durch die Förderung vom »Ehrenamt« passieren kann, das vielerorts als Lückenbüßer für mangelhafte öffentliche Angebote instrumentalisiert wird.

Sorgende Stadt – Verortung des Öffentlichen Luxus

Eine Vergesellschaftung der Sorgearbeit verlagert den Handlungsort in die Stadt oder die Kommune, in die Nachbarschaft. Denn dort findet Sorgearbeit statt. Selbst dann, wenn private Haushalte durch erweiterte und weitergedachte Infrastrukturen entlastet werden, müssen sie im sozialen Nahraum verbleiben. Wenn für das Erreichen von Kitas oder den Besuch in Altenheimen lange Strecken zurückgelegt werden müssen, erhöht dies den Stress und verringert die eigentliche Zeit für die Sorge umeinander. Neben völlig neuen Mobilitätskonzepten und Ansätzen feministischer Stadtplanung verlangt dies nach einer wohnortnahen Versorgung. Eine Umsetzung hätte neben verbesserten Care-Verhältnissen auch bedeutende klimapolitische Folgen.

Sorgende Städte können hier etwas Visionäres bieten. Wie der Name schon nahelegt, handelt es sich um eine Vorstellung von Stadt, in der die auf Sorge bezogenen Bedürfnisse aller ihrer Bewohner*innen im Zentrum der Politik und der Planung stehen und alle – so der munizipalistische Anspruch – in unterschiedlichen Formen dabei mitbestimmen können. Die Sorgende Stadt dient als konkreteres Bild für eine feministische Vergesellschaftung, da sie sich dieser über alltagsnahe Fragen nähert: Wie soll die Infrastruktur in unserer Stadt aussehen, damit sie die Bewohner*innen wirklich entlastet? Wie kann der Zugang für alle geschaffen werden? Welche Sorgearbeiten sollen in die Verantwortung der öffentlichen Hand gegeben werden, welche in der von persönlichen Beziehungen verbleiben und welche Rolle könnten gestärkte Nachbarschaften einnehmen?

Die Sorgende Stadt kann ein Kompass sein, Orientierung bieten, um umsetzbare Ansätze und Programme für eine grundlegende Gesellschaftstransformation zu entwickeln, sogenannte Einstiegsprojekte. Es geht um eine revolutionäre Realpolitik, die bestehende Probleme des Alltags angeht und löst, dabei aber nicht stehen bleibt, sondern Weichen stellt für weitere Schritte in Richtung eines Öffentlichen Luxus. Sie sollte dort ansetzen, wo die Krise der sozialen Reproduktion den Menschen im Alltag begegnet, und eine Idee davon vermitteln, wie schön und befreiend es ein könnte, wenn Sorge nicht mehr als Last empfunden wird, sondern wir sie als wertvolles Moment unserer Beziehungen erleben könnten. Nur so werden sich viele für unser Vorhaben begeistern lassen.

In diesem Sinne zielte etwa das »Maßnahmenpaket für eine Demokratisierung der Sorge in der Stadt Barcelona« bei seiner Verabschiedung 2017 darauf ab, Sorgearbeit ins Zentrum der kommunalen Wirtschaftspolitik zu stellen, statt sie entweder als Privatangelegenheit oder lediglich als Aspekt einer paternalistischen und tendenziell passivierenden Sozialpolitik zu behandeln. Die meisten der 68 Einzelmaßnahmen zielten auf eine »Vergesellschaftung der Sorgearbeit« und waren daran ausgerichtet, neue öffentliche Infrastrukturen wie Familienzentren und Krippen zu schaffen, bestehende auszubauen, etwa Mehrgenerationenhäusern, sowie den Zugang für vulnerable Gruppen zu verbessern. Um auch hier der wechselseitigen Bedingtheit von institutionalisierter und häuslicher Sorgearbeit und dem Anspruch, beide Bereiche zu transformieren, Rechnung zu tragen, wurde in Barcelona etwa eine »Care-Karte« *(tarjeta cuidadora)* eingeführt. Sie entlastet Menschen mit besonderer häuslicher Sorgeverantwortung, indem sie ihnen einen privilegierten Zugang zu städtischen Sorgeinfrastrukturen und sozialen Diensten ermöglicht.

Hierzulande gehören zu möglichen Einstiegsprojekten die Rekommunalisierung von Aufgaben der Altenpflege (siehe weiter unten) oder der Ausbau von Gesundheits- und Nachbarschaftszentren, wie er in Berlin unter dem Slogan »Shoppingmalls zu Sorgezentren« verfolgt wird. Hier streitet ein Zusammenschluss von Abgeordneten und Aktiven aus der Partei DIE LINKE zusammen mit feministischen stadt- und gesundheitspolitischen Aktivist*innen für Orte veränderter Sorgepraxen. Diese könnten Unterstützungsangebote für ältere Menschen und Freizeitangebote für Kinder und Jugendliche bieten oder Räume für geteilte Sorgearbeit in Elterngruppen oder Gemeinschaftsküchen. Anhand eines konkreten leerfallenden Einkaufszentrums lässt sich feministische Politik und der Anspruch auf Gestaltung des städtischen Raums mit dem Einspruch gegen eine weitere Kommerzialisierung und Gentrifizierung unserer Kieze verbinden.

Zu Einstiegsprojekten zählen außerdem Maßnahmen, die die Teilhabe und das Leben in der Stadt erleichtern, wie etwa ein kostenfreier öffentlicher Personennahverkehr oder ein Krankenschein, der auch Menschen ohne Papiere eine reguläre Gesundheitsversorgung ermöglicht. Des Weiteren ist an Initiativen zu denken, die den öffentlichen Raum mit mehr Grünflächen, breiten Wegen und mit kostenlosen sauberen Toiletten für alle Geschlechter ausstatten wollen, sodass auch diejenigen, die aufgrund von Krankheiten oder Alter häufiger austreten müssen, diesen Raum nutzen können und sich dort wohlfühlen. Ebenso gehört dazu das Verbot anlassloser Polizeikontrollen, die sich sehr häufig gegen rassifizierte Menschen richten.

Wichtige Projekte auf dem Weg zu radikal neuen Formen der Organisation von Sorge sind nicht nur auf der kommunalen oder regionalen Ebene angesiedelt, sondern liegen in der Verantwortung der Bundesregierung oder gar der Europäischen Union. Ein Beispiel sind Umschichtungen in der Lohnarbeit durch Maßnahmen wie Arbeitszeitverkürzung mit Lohnausgleich. Aber auch das ist feministisch überhaupt nicht ohne einen Umbau von Infrastrukturen zu denken. Heute wird Arbeitszeitverkürzung von Männern für die Weiterbildung genutzt, von Frauen tendenziell für mehr Care-Arbeit. Nur durch eine radikale Reduzierung der Erwerbsarbeitsstunden kann Sorgearbeit funktionieren, ohne Erschöpfung zu produzieren. Aber nur durch mehr zugängliche Infrastrukturen kann die freigewordene Zeit auch für die persönliche sowie gesellschaftliche Entwicklung genutzt werden. Sie schaffen erst die Grundvoraussetzung für jede Form politischer Beteiligung und Organisierung. Einstiegsprojekte zielen also auch darauf ab, den Boden für weitere und weiterführende Kämpfe zu bereiten, nicht zuletzt indem sich innerhalb des Prozesses unsere Subjektivitäten, unsere Kreativität sowie unsere sorgenden und sonstigen Praxen Schritt für Schritt (weiter-)entwickeln. Denn vieles, was in einer sorgenden Zukunft möglich ist, können wir uns heute noch kaum vorstellen.

Ein mögliches Einstiegsprojekt: Rekommunalisierung der stationären Altenpflege

Die Aussicht, im Alter auf Pflege angewiesen zu sein, ist für viele mit Schrecken verbunden. Zu Recht. 2040 werden etwa fünf Millionen Menschen in Deutschland Pflege im Alter brauchen und es werden mindestens 225 000 Pflegeplätze fehlen, selbst wenn das Verhältnis zwischen stationärer und häuslicher Pflege gleichbliebe. Wie bei fast allen sozialen Dienstleistungen ist auch hier der Mangel an Personal das größte Problem. Bereits heute fehlen 200 000 Pflegefachkräfte in der medizinischen und in der Langzeitpflege, bis 2030 werden es mindestens 300 000 sein. Und weiterhin verlassen viele ihren Beruf. Die einzige Chance, hier gegenzusteuern, sind eine gute Bezahlung, bessere Arbeitsbedingungen und vor allem weniger Stress, der durch den Kostendruck und zu wenig Personal verursacht wird.

Der überwiegende Anteil der Pflegeeinrichtungen in Deutschland ist privatwirtschaftlich organisiert und damit auf Profit statt auf Gemeinwohl ausgerichtet. Altenpflege ist ein sogenannter Wachstumsmarkt. Für Finanzmarktakteure bieten sich hier hohe Renditemöglichkeiten. Die Pflege alter Menschen wird zum lukrativen Investment und Expansion, Cashflow und Kosteneffizienz werden zu wesentlichen Zielen. Diese kapitalgetriebene Dynamik bringt allerdings auch Instabilität mit sich und kann akute Versorgungskrisen auslösen, wie die Insolvenzen mehrerer Altenpflegeheime im Land Bremen zuletzt gezeigt haben. Die Hansestadt ist dabei keine Ausnahme. Vielmehr wird dort ein europäischer Trend deutlich und damit greifbar, wie sehr ökonomischer Druck einer menschenwürdigen Pflege und Unterbringung im Alter entgegensteht.

Leidtragende sind in erster Linie die Bewohner*innen von Pflegeeinrichtungen. Dies geht aus einer großen Anfrage von LINKEN, Grünen und der SPD in der Bremischen Bürgerschaft hervor und wird auch in den Prüfberichten der Bremischen Heim- und Betreuungsaufsicht deutlich. Der Kostendruck ist aber nicht nur für die Pflegebedürftigen ein Problem, auch Beschäftigte und Angehörige leiden unter der Situation. Am Ende müssen gar die öffentlichen Haushalte die Renditen der Investoren aus Steuermitteln querfinanzieren. Diese Tendenz zur Finanzialisierung muss daher dringend korrigiert werden.

In einem ersten Schritt auf dem Weg hin zu einer Gemeinwohlorientierung und perspektivisch zu einer Vergesellschaftung dieses Sektors wären die zunehmende Konzernkonzentration und das weitere Vordringen finanzgetriebener Akteure aufzuhalten bzw. zurückzudrängen. Wie das gehen könnte, haben die Jurist*innen Anna Gilsbach und Sebastian Baunack im Auftrag der Rosa-Luxemburg-Stiftung rechtlich geprüft. Ihr Gutachten zeigt, welche Regulierungsmöglichkeiten es bereits auf Landesebene gibt, aber vor allem, wo auf bundesrechtlicher Ebene Eingriffsmöglichkeiten bestehen, für die es im Sinne eines Einstiegsprojekts durchaus nicht nur gesellschaftliche, sondern auch politische Mehrheiten geben könnte. Um hier konkrete Bausteine zu erarbeiten, ist es nötig, von der gesellschaftsanalytischen und programmatischen Ebene in die »Niederungen« der Detailregulierung hinabzusteigen. Ob solche realpolitischen Eingriffe transformatorischen oder lediglich reformerischen Charakter entwickeln, hängt nicht zuletzt vom Fluchtpunkt und von dem politischen Gesamtkontext ab, in dem sie entworfen werden. Aber auch davon, ob im Verlauf immer wieder die Frage gestellt wird, inwiefern durch sie weitere praktisch-politische Schritte ermöglicht werden und somit das Terrain der Auseinandersetzung nachhaltig zugunsten emanzipatorischer Kräfte, Strukturen und Inhalte verschoben wird.

Privatisierung zurückdrängen: Warum sind Altenheime begehrte Anlageobjekte?

Bis zur Einführung der Pflegeversicherung 1995 wurde die Altenpflege als gemeinwohlorientierte Dienstleistung vor allem von Wohlfahrtsverbänden sowie kirchlichen und kommunalen Trägern erbracht. Mit ihrer Regulierung im 11. Sozialgesetzbuch (SGB XI) wurde sie liberalisiert und für private Unternehmen geöffnet. Der sich abzeichnende Mangel an Versorgungsstrukturen sollte im Einklang mit dem damals dominanten Paradigma des Neoliberalismus durch die Einführung von Marktmechanismen und Betreiberkonkurrenz schnell überwunden werden. Die Anzahl der Plätze in stationären Heimen stieg tatsächlich deutlich an, aber auch der Bedarf wuchs weiterhin rasant. Dabei machen die Rahmenbedingungen wie eine auf absehbare Zeit steigende Nachfrage, die räumlich gebunden ist, also wenig Standortkonkurrenz, verlässliche Einkommensströme aus der Pflegeversicherung sowie eine Eigenbeteiligung der Bewohner*innen und Sozialkassen die Altenpflege attraktiv für profitorientierte Unternehmen. Schließlich sind auch die Pflegeimmobilien attraktive Anlageobjekte, die nach dem Heimerwerb oft getrennt weiterverkauft werden und von den Betreibern zu hohen Preisen angemietet werden müssen. Diese Konstellation lockte seit den 2010er-Jahren Investoren mit hohen Renditeerwartungen an.

Dadurch wird Altenpflege mehr und mehr der ökonomischen Optimierungslogik des Finanzmarkts unterworfen. Waren es zunächst eher kleine regionale Unternehmen, die sich hier engagierten, kam es im Laufe der Jahre zu Konzentrationsprozessen und einer Transnationalisierung. Seit 2017 steigerten die 25 führenden Unternehmen ihre Kapazität um 22 Prozent. Viele große Pflegekonzerne sind inzwischen börsennotiert und beim französischen Marktführer Orpea hat sich der Aktienkurs seit 2015 verdoppelt. Seit einigen Jahren erschließen in Europa außerdem Private-Equity-Fonds und die Vermögensverwalter privater Millionär*innen und Milliardär*innen das Feld. Sie sehen attraktive Bedingungen für das von ihnen verwaltete Anlagekapital, die Qualität der Pflege ist dem Profitinteresse untergeordnet. Ähnliche Entwicklungen zeichnen sich in letzter Zeit auch für den Bereich der ambulanten Gesundheitsversorgung ab. Wurde die Einführung von Medizinischen Versorgungszentren (MVZ) durchaus als Chance für eine multiprofessionelle Versorgung und Überwindung des Kleinunternehmertums im Gesundheitsbereich angesehen, sind es nun diese MVZ, die ein weiteres Einfallstor für eine Finanzialisierung auch der ambulanten Versorgung darstellen.

Die Folgen sind in beiden Bereichen schlechte Arbeitsbedingungen mit teils nicht-legalen Vertragskonstruktionen und schlechte Löhne. Eine gewerkschaftliche Organisierung wird häufig behindert. Eine weitere Konsequenz sind teils unmenschliche und gefährdende Versorgungssituationen für die Heimbewohner*innen. Durch die hohen körperlichen und psychischen Belastungen verschärft sich der ohnehin schon eklatante Personalmangel noch weiter. Über kurz oder lang kann dies zu erheblichen Versorgungsengpässen führen. In Deutschland ist der skizzierte Trend noch weniger extrem ausgeprägt als in anderen europäischen Ländern. In die Sprache des Finanzkapitals übersetzt heißt das: Im internationalen Vergleich hat der deutsche Markt Nachholpotenzial.

Die Kosten für Pflege im Alter werden in Deutschland nur zu einem geringen Teil von der Pflegeversicherung gedeckt. Der Anteil, den alte Menschen individuell zu tragen haben, steigt seit Jahren und stellt die Interessen der Beschäftigten nach angemessener Bezahlung gegen die Interessen der Gepflegten. Die Eigenanteile in Deutschland belaufen sich gegenwärtig auf durchschnittlich 2411 Euro im Monat. Inflation, gestiegene Energiekosten und der seit 2022 erhöhte Pflegemindestlohn tragen zu den anziehenden Kosten bei. Damit ist klar: Große Teile der Bevölkerung werden sich eine gute Unterbringung im Alter niemals leisten können. Wenn das Ersparte aufgebraucht ist und Angehörige nicht verfügbar sind, müssen die Kommunen einspringen. Neben den Renten der Bewohner*innen und Mitteln aus der öffentlichen Pflegeversicherung werden hier also auch relevante Summen von Steuergeldern verausgabt.

Pflege weiterhin feminisiert

Obwohl die absoluten Zahlen kontinuierlich ansteigen, werden derzeit nur 16 Prozent der zu Pflegenden stationär betreut. Das hat unterschiedliche Gründe: Viele Menschen wollen lieber zu Hause gepflegt werden und im vertrauten Umfeld bleiben.

Für die allermeisten sind die Kosten für eine stationäre Unterbringung jedoch schlicht unbezahlbar. Das heißt: 84 Prozent der anfallenden Pflegearbeit werden den Angehörigen oder dem unmittelbaren sozialen Umfeld aufgebürdet – und hier bekanntermaßen überwiegend Frauen. In etwa 21 Prozent der Fälle erfolgt die Versorgung mit Unterstützung ambulanter Pflegedienste, deren Angestellte jedoch im Minutentakt unter stark belastenden Bedingungen arbeiten müssen. Eine gute Versorgung ist so kaum möglich. Oft ist nicht einmal »satt und sauber« zu gewährleisten.

Diese Tendenzen der Ökonomisierung und Finanzialisierung müssen bekämpft werden. Eine menschenwürdige und zukunftssichere Ausgestaltung der Altenpflege muss mit einer Senkung der Kosten für die stationäre Pflege und einem Ausbau der ambulanten Unterstützung unter guten Bedingungen einhergehen. Dies ist schon deshalb notwendig, weil es angesichts der demografischen Entwicklungen und des allgemeinen Fachkräftemangels in den nächsten Jahrzehnten schlicht nicht genug Angehörige geben wird, die ihre Liebsten im Alter versorgen können. Sollen also die Bedingungen innerhalb wie außerhalb von Altenheimen nicht immer unwürdiger und die Versorgungslage nicht noch prekärer werden, muss so rasch wie möglich regulierend eingegriffen werden. Sinnvoll wäre »ein bundesweiter, verbindlicher Profitdeckel für die Pflege und ein Ende des Gewinnstrebens mit unserer Gesundheit« sowie »eine Bürger*innenversicherung, in die endlich alle einbezahlen«, wie es David Gutensohn prägnant formuliert.[1] Nur so kann es zu einer bedarfsgerechten Versorgung und einer geschlechtergerechten Neuverteilung der Lasten kommen. Eine gute professionelle Versorgung der Alten, kombiniert mit würdigen Lebens- und Arbeitsbedingungen, wäre demnach auch ein wichtiger Beitrag zur Neuorganisation von Sorgearbeit und zur Entlastung feminisierter, nicht-entlohnter Arbeit.

1 David Gutensohn: Gute Pflege für alle, jetzt!, in: die tageszeitung, 22.8.2021, unter: https://taz.de/Die-These/!5792346/.

Was tun?

Um den skizzierten Entwicklungen einen wirksamen Riegel vorzuschieben, ist ein Umsteuern in der gesetzlichen Pflegeversicherung (SGB XI) notwendig. Wie sehr eine Steuerung der öffentlichen Daseinsvorsorge über Marktprinzipien nicht nur zu schlechter Versorgung und fehlendem Personal, sondern auch zu ökonomischen Fehlanreizen führt, ist anhand der Fallpauschalen (DRG) im Gesundheitssektor umfassend nachgewiesen worden. An die Stelle dieses ineffizienten Systems müssen daher tragfähige Strukturen treten, die sich an den Bedürfnissen alter(nder) Menschen orientieren und gemeinwohlorientiert wirtschaften. Zu diesem Zweck müsste an erster Stelle der Einfluss profitorientierter Träger im Bereich Altenpflege eingedämmt und müssten Kreisläufe des Gemeinwohls geschaffen werden. Wie das zu bewerkstelligen ist, dazu kann ein Beispiel aus Österreich wertvolle Hinweise geben. Die Landesregierung des Burgenlands hat ein Gesetz erlassen, das nach einer angemessenen Übergangsfrist nur noch gemeinwohlorientierten Träger öffentliche Mittel für die Altenpflege zugesteht. Umgekehrt bedeutet dies, dass Personen, deren Versorgungskosten ganz oder teilweise von den Sozialkassen getragen werden, nur noch in gemeinwohlorientierten Heimen unterkommen können.

In der Bundesrepublik wären folgende konkrete Schritte für eine gemeinwohlorientierte Regulierung möglich, von denen zwei auf Bundesebene und vier auf Landesebene erfolgen müssten. Um eine weitere Ökonomisierung und Finanzialisierung im Bereich Altenpflege zu verhindern, wäre es laut der bereits erwähnten Studie der Rosa-Luxemburg-Stiftung »Gemeinwohlorientierung in der Altenpflege« bundesrechtlich möglich, »den Pflegemarkt auf gemeinnützige Träger zu begrenzen«, da »es sich um Aufgaben der öffentlichen Daseinsfürsorge handelt«, für die der Gesetzgeber weitreichende Handlungsbefugnisse und sogar -pflichten hat. Vorbild kann hier der Bereich der Jugendhilfe (SGB VIII) sein, in dem es in einigen Bundesländern bereits heute eine Beschränkung auf gemeinwohlorientierte und kommunale Träger gibt. Um diese für die Altenpflege zu ermöglichen, wäre eine Änderung des SGB XI nötig. Anders, als häufig angenommen, wäre dies aber möglich, ohne gegen europarechtliche Regelungen zur Dienstleistungs- und Niederlassungsfreiheit zu verstoßen, also, ohne in die Gewerbefreiheit europäischer Unternehmen einzugreifen. Nach überzeugender Ansicht des Oberverwaltungsgerichts Hamburg findet das Unionsrecht auf den Sozialstaat gar keine Anwendung, weil »die Ausgestaltung des Systems der sozialen Sicherheit [...] dem jeweiligen Mitgliedstaat« obliegt. Stattdessen sind Eingriffe in die Unternehmerfreiheiten durch das Gemeinwohl gerechtfertigt. Ein Urteil, das übrigens auch für andere Felder der Daseinsvorsorge interessante Einsichten enthält.

Eine weitere, nicht nur für die stationäre Altenpflege, sondern für den Gesundheits- und Pflegebereich insgesamt notwendige Maßnahme wäre die Einführung einer solidarischen Pflegevollversicherung als Bestandteil einer solidarischen Gesundheitsversicherung (Bürgerversicherung) statt der derzeitigen »Teilkasko«-Pflegeversicherung. Nach Berechnungen eines Gutachtens im Auftrag der Bundestagsfraktion der Partei DIE LINKE könnten die bestehenden Finanzierungslücken geschlossen werden, wenn alle in Deutschland lebenden Menschen in diese Versicherung einzahlen würden (also auch Beamte, Abgeordnete und Selbstständige). Und vor allem, wenn bei Gutverdienenden jeweils das gesamte Einkommen zur Grundlage der Beitragsberechnung herangezogen würde, statt die oberen Einkommen durch die Beitragsbemessungsgrenze überproportional zu entlasten. Auf diese Weise könnten die Beiträge zur Pflegeversicherung konstant bleiben, die oben genannten Eigenbeiträge zur Pflege jedoch komplett entfallen.

Für eine kostendeckende Versorgung, insbesondere für Menschen mit niedrigen Renten, und auch zum Schutz von

Angehörigen, die den Löwenanteil der Altenpflege leisten, bedarf es einer Vergesellschaftung von Sorgearbeit, die notwendigerweise mit einer umfassenden Rückverteilung des gesellschaftlichen Wohlstands verbunden ist. Schritte in diese Richtung müssen auf Bundesebene beschlossen werden, können jedoch etwa durch Bundesratsinitiativen aus progressiv regierten Ländern vorangetrieben werden. Auf der landesrechtlichen Ebene wären vor entsprechenden Änderungen des Bundesrechts bereits folgende Maßnahmen möglich: verstärkte Kontrollen und strengere Auflagen für die Betreiber von Pflege- und Betreuungseinrichtungen. Dazu bedarf es in erster Linie einer Aufstockung des Personals in den entsprechenden Aufsichtsbehörden. Darüber hinaus müssten diese die bereits vorhandenen Spielräume der Sanktionierung – bis hin zur Untersagung des Pflegebetriebs – voll ausschöpfen.

Im deutschlandweiten Vergleich ist der Anteil privater Betreiber in manchen Bundesländern deutlich höher als in anderen. Das von Christoph Trautvetter genauer untersuchte Bremen liegt diesbezüglich im oberen Drittel und ist neben Hamburg das einzige Bundesland, in dem es bislang keine einzige Altenpflegeeinrichtung in öffentlicher Hand gibt. Trotz des auch für den Altenpflegebereich geltenden Subsidiaritätsprinzips (privat und freigemeinnützig vor kommunal) wäre die Gründung eines kommunalen Trägers ohne Probleme möglich. Dieser könnte sowohl eigene Pflegeheime eröffnen als auch bestehende übernehmen – nicht nur, aber auch im Falle von Insolvenzen. Perspektivisch bräuchte es jedoch auch hier eine Gesetzesänderung auf Bundesebene, die das Subsidiaritätsprinzip abschafft und damit der öffentlichen Hand – sowie freigemeinnützigen Trägern – einen deutlich größeren Handlungsspielraum gegenüber den Privaten einräumt. Der im Gesetz verankerte Vorrang privatwirtschaftlicher Akteure gehört abgeschafft.

Eine gesicherte Versorgung von Menschen mit Pflegebedarf ist selbstredend nur durch den Ausbau des Angebots stationärer Altenpflege im Gemeinwohlinteresse zu gewährleisten. Dazu bedarf es einer Förderung durch öffentliche Mittel. Bereits heute ist es rechtlich zulässig, etwa Investitionskostenzuschüsse nur gemeinnützigen Trägern zu gewähren und so Private von öffentlicher Förderung auszunehmen. Vor allem bei den Pflegeimmobilien wäre außerdem eine Beschränkung des spekulativen Handels dringend geboten. Eine Regelung nach dem Vorbild des Grundstücksverkehrsgesetzes im landwirtschaftlichen Bereich scheint angesichts des anders gelagerten Gegenstands nicht möglich. Denkbar und weiter zu prüfen wäre allerdings, ob hier ein kommunales Vorkaufsrecht geschaffen werden könnte.

Sozialräumliche Versorgung

An der Altenpflege wird besonders deutlich, wie ein verengter Blick auf kommodifizierte Sorgearbeit nur eine unvollständige Konzeptualisierung von Öffentlichem Luxus bedeuten würde. Denn 84 Prozent der anfallenden Pflegearbeit werden, wie bereits erwähnt, überwiegend von Angehörigen zu Hause übernommen. Viele, die sich tagtäglich um ihre Liebsten kümmern, stoßen damit an ihre körperlichen und finanziellen Grenzen. Nur ein Fünftel der pflegenden Angehörigen wird aktuell von einem ambulanten Pflegedienst unterstützt. Außerdem stehen ihnen eine weitgehend unbekannte Zahl an verarmten Rentner*innen und sozial schlecht abgesicherten Pflegekräften aus dem meist osteuropäischen Ausland zur Seite, die die enormen Lücken des Sozialstaats in der Pflege notdürftig zu flicken versuchen. Am Ende dreht sich das meiste auch hier um die Kostenfrage. Wer sich welche Unterstützung leisten kann, hängt im Wesentlichen vom Vermögen und Einkommen ab. Gleichzeitig stellt die enge Verbindung mit der häuslichen und privat geleisteten Sorgetätigkeit andere Anforderungen an diese Dienstleistung. Der Ausbau der stationären Altenpflege in öffentlicher Hand, also eines für breitere

Bevölkerungsschichten zugänglichen Angebots, würde daher für zahlreiche Haushalte eine Entlastung bedeuten. Viele Menschen, gerade solche mit niedrigerem Pflegegrad, werden aber auch in Zukunft weiterhin in ihrer vertrauten Umgebung bleiben wollen.

Die linke Stadtregierung in Barcelona hat in ihrer Amtszeit (2015–2023) mit verschiedenen Maßnahmen zur Stärkung der sozialräumlichen Versorgung von alten Menschen auf ähnliche Missstände in Spanien reagiert. Sie richtete eine kommunale Pflegestruktur ein und organisierte die ambulante Pflege um, sodass Teams von zwölf Fachkräften jeweils eine feste Gruppe von rund 50 Pflegebedürftigen betreuen, die alle innerhalb desselben »Superblocks der Sorge« *(Superille de les cures* oder *Vila Veïna)* leben. Die ursprünglich als Maßnahme zur Minderung des innerstädtischen Autoverkehrs eingeführte Idee der »Superblocks« wurde damit um eine sorgepolitische Dimension erweitert. In diesen territorialen Einheiten leben maximal 30 000 Einwohner*innen, für die alle wichtigen Orte innerhalb von fünf Minuten zu Fuß erreichbar sein sollen. Das hat zur Folge, dass die Pflegefachkräfte kürzere Wege haben und dadurch selbstbestimmter arbeiten können, aber auch mehr Zeit haben. Die Pflegebedürftigen und ihre Angehörigen haben feste Bezugspersonen, die nicht nur flexibler auf ihre Bedürfnisse eingehen können, sondern ihnen auch vertraut(er) sind. Dies ermöglicht es den Angehörigen, auch mal längere Zeit das Haus zu verlassen, um weitere städtische Angebote überhaupt wahrnehmen zu können, die ein ebenso wichtiger Bestandteil der neu geschaffenen Sorgeinfrastruktur in Barcelona sind. Ein wichtiges Element ist hier die bereits erwähnte »Care-Karte«. Die Koordinator*innen, die es in jeder *Vila Veïna* gibt, sind für die pflegenden Angehörigen ebenso ansprechbar wie für die vielen Hausarbeiter*innen, die häufig die Angehörigen unterstützen und unter aufenthalts- und arbeitsrechtlichen Diskriminierungen leiden. Es gibt also eine zentrale Anlaufstelle für Informationen und Beratungsangebote zu Leistungen, Diensten und Mitteln rund um die Sorgearbeit in unmittelbarer Umgebung des Wohnorts und dabei gleichzeitig ein vertrautes Gesicht: ein Aspekt, der in Barcelona als Teil einer »sorgenden Verwaltung« angesehen wird. Durch diese und ähnliche Maßnahmen kann ein soziales Gefüge entstehen, in dem die Mitarbeiter*innen von ambulanten Diensten und städtische Institutionen genauso eine Rolle spielen wie die Nachbar*innen, zivilgesellschaftliche Initiativen und soziale Organisationen. Von diesem Gefüge ist das Zuhause ein Teil – es wird zum gesellschaftlichen Ort.

Der Öffentliche Luxus ist feministisch

Initiativen für eine Sorgende Stadt können im genannten Sinne eine feministische Achse eines politischen Projekts Öffentlicher Luxus bilden, für die Aktive aus dem Care- und Gesundheitsbereich zusammen mit stadtpolitischen und antirassistischen Akteur*innen streiten. Mit der Sorgenden Stadt zieht außerdem eine intersektionale Perspektive in die aktuellen Vergesellschaftungsdebatten und Antiprivatisierungskämpfe ein. Feministischen Bewegungen fehlte in den letzten Jahren ein solches »Transformationsprojekt«, anhand dessen sich konkrete Verbesserungen mit dem Anspruch auf grundlegende Gesellschaftsveränderung und eine Veränderung des herrschaftlichen Geschlechterregimes verbinden ließen. Kommunale Sorgepolitiken können ein solcher Einstieg in die schrittweise Vergesellschaftung von Sorgeverhältnissen sein. So würde ein klassenpolitischer Feminismus praktische Gestalt annehmen, für den sich – unterstützt auch von LINKEN in Stadträten, Parlamenten und (Stadt-)Regierungen – breite Mehrheiten organisieren ließen.

Quellen & weiterführende Literatur:

— Jennie Auffenberg/Denise Becka/Michaela Evans/Nico Kokott/Sergei Schleicher/Esther Braun: Ich pflege wieder, wenn. Potenzialanalyse zur Berufsrückkehr und Arbeitszeitaufstockung von Pflegefachkräften, Arbeitnehmerkammer Bremen 2020.

— Sebastian Baunack/Anna Gilsbach: Gemeinwohlorientierung in der Altenpflege, Online-Publikation der Rosa-Luxemburg-Stiftung, März 2023, https://www.rosalux.de/publikation/id/50177/gemeinwohlorientierung-in-der-altenpflege.

— Mario Candeias/Barbara Fried/Hannah Schurian/Eva Völpel/Moritz Warnke: Reichtum des Öffentlichen. Infrastruktursozialismus oder: Warum kollektiver Konsum glücklich macht, in: LuXemburg-Online, August 2020, https://zeitschrift-luxemburg.de/artikel/reichtum-des-oeffentlichen/.

— Silke van Dyk/Tine Haubner: Community-Kapitalismus, Hamburg 2021.

— Sandra Ezquerra/Christel Keller: Für eine Demokratisierung der Sorgearbeit, Online-Publikation der Rosa-Luxemburg-Stiftung, Januar 2022, https://www.rosalux.de/publikation/id/46442/fuer-eine-demokratisierung-der-sorgearbeit.

— Heinz Rothgang/Dominik Domhoff: Beitragssatzeffekte und Verteilungswirkungen der Einführung einer »Solidarischen Gesundheits- und Pflegeversicherung«. Gutachten im Auftrag der Bundestagsfraktion DIE LINKE und der Rosa-Luxemburg-Stiftung, Juni 2017, https://www.rosalux.de/publikation/id/37468/solidarische-gesundheits-und-pflegeversicherung.

— Christoph Trautvetter: Wem gehört die Altenpflege?, Online-Publikation der Rosa-Luxemburg-Stiftung, März 2023, https://www.rosalux.de/publikation/id/50176/wem-gehoert-die-altenpflege.

Imperiale Grenzziehungen

Rassismus und Raum

von Simin Jawabreh

1789 begann der Kampf versklavter Menschen in der damals französischen Kolonie Saint-Domingue und wurde damit zum Sieg geführt, dass Versklavte die Plantagen in Brand setzten, auf denen sie jahrelang ausgebeutet und unterdrückt worden waren. Laut C. L. R. James brannte das Volk »nieder, was sich niederbrennen ließ«, sodass am Ende des Krieges »San Domingo eine verkohlte Wüste« war. 1804 wurde Haiti zu der ersten freien Republik Schwarzer, vormals versklavter Menschen erklärt. Sie wendeten sich damit gegen das geografische und wirtschaftliche System der Plantage, das sie zur Arbeit zwang, an das Land band und damit die Schwarze Enteignung in all ihren Formen etablierte.

Ich frage mich, warum ein Aufstand jegliche Form von Räumlichkeit zerstören muss, um sich diesen Raum anzueignen. Auch heute wenden sich Riots von den Londoner Vorstädten über die Pariser Banlieues bis hin zu den brasilianischen Favelas und dem »Dark Ghetto» in den USA als Protest gegen Unterdrückung gegen das eigene materielle Umfeld. Ich möchte diese Verbindung von rassifizierter Unterdrückung und Räumlichkeit ernst nehmen. Auch sprachlich sind gesellschaftliche Redewendungen wie »seinen Platz kennen», »deplatziert sein«, »sich Platz nehmen« oder »seinen Platz zugewiesen bekommen« verbreitet. Es ist klar, dass diesen Platz, sei er physisch oder sozial, zu hinterfragen, auch die soziale Ordnung fundamental infrage stellt. Ich meine, dass es sich hierbei nicht nur um Redewendungen handelt, sondern diese auf eine Beziehung hinweisen: Inwiefern wird Rassifizierung räumlich ausgedrückt und produziert?

Im Folgenden werde ich mein Verständnis von Rassifizierung darlegen und zeigen, dass Raum sowohl rassifiziert als auch rassifizierend ist. Daran anschließend möchte ich mich den Funktionsweisen und der Bedeutung von Raum nähern und darauf aufbauend die Entstehung und Bedeutung des Gettos skizzieren. Aus diesen Überlegungen möchte ich politische Konsequenzen ziehen und einen Ausblick anbieten, wie die Vision von Öffentlichem Luxus städtische, gemeinschaftsstiftende Räume als Orte des befreiten Lebens miteinschließen kann. Denn: Wenn die Geografie selbst, in der wir uns bewegen und leben, unser Handeln maßgeblich mitbestimmt, muss eine Politik für den städtischen Raum diese voranstellen. Dann muss sich ein revolutionäres Projekt fragen, wie wir unsere Körper durch den Raum aneignen können, wie wir den Raum so verändern, dass wir selbst über unsere Körper bestimmen können, um uns buchstäblich »Platz zu verschaffen«. Wenn wir von Öffentlichem Luxus sprechen, dann muss damit auch gemeint sein, dass wir uns frei im Raum bewegen und über unsere Zeit verfügen können. Es muss bedeuten, dass wir nicht mehr entfremdet von unserer Arbeit sind. Wir wollen fischen, ohne Fischer*innen zu sein, jagen, ohne Jäger*innen zu sein, und kritisieren, ohne Kritiker*innen zu sein. Einen Platz haben, ohne auf ihn beschränkt zu sein.

Rassifizierung und Rassismus

Race ist insofern nicht real, als dass es als biologisches Konzept nicht auf etwas Reales verweist. Als soziale Realität jedoch beschreibt die Rassifizierung den Prozess, in dem Gruppen als Einheiten verstanden werden und ihnen biologisierend Eigenschaften zugesprochen werden, die der Funktion der Unterdrückung folgen. Die geformten Menschengruppen werden in ein spezifisches Verhältnis gesetzt, das ihnen gesellschaftliche Teilhabe entweder verwehrt (Schwarz-rassifiziert) oder gewährt (weiß-rassifiziert). Historisch beschreibt Rassismus deshalb die Legitimationslegende für dieses spezifische (Besitz-)Verhältnis, das zu Zeiten des Kolonialismus die Versklavung von Menschen und ihrer Arbeitskraft rechtfertigen sollte. Wenn Räume wie beispielsweise der städtische Raum demnach rassifiziert sind und zugleich Rassifizierung strukturieren, dann tun sie dies innerhalb dieses Herrschaftsverhältnisses. Damit können Dinge, Strukturen, Verhaltensweisen usw. rassifiziert sein, wenn sie dieses (Besitz-)Verhältnis und damit Rassismus strukturieren.

Warum ist das wichtig? Wenn Räume Rassifizierung strukturieren und damit unterdrückend wirken, dann hat das Folgen für den Inhalt des Rassismus. In Bezug auf die versklavten Menschen des kolonialen Plantagensystems drückte sich dies beispielsweise folgendermaßen aus: Der Wert der Waren in den Kolonien lag weit unter dem Durchschnitt der Waren der freien Lohnarbeitenden der Metropolen. Die versklavten Menschen erschienen dadurch als weniger wert, weil sich ihr ökonomischer Wert auf weniger belief. Weitergehend wurde der »Lohn« den Versklavten rein in Lebensmitteln ausgezahlt, also rein auf die physische Erhaltung der Versklavten abzielend. Sie wurden damit auf ihre Natur reduziert und galten dadurch als quasi tierische bzw. als nicht-menschliche Wesen. Diese gewaltvolle Aneignung sowie die Zerstörung und der Diebstahl jeglicher kulturellen Güter lassen die Versklavten schlussendlich auch als kulturlos erscheinen. Da in der Kolonie der Wert der Arbeitskraft so niedrig war, war der Einsatz von Sklav*innen oft weit günstiger als der Einsatz von Maschinen, sodass versklavte Arbeitskraft auf Handarbeit reduziert wurde und damit Arbeiten erledigen musste, die weit unter dem technischen Niveau der Zeit lagen. Sie galten damit als unterentwickelt.

Das spezifische Arbeitsverhältnis, in das die Menschen gesetzt wurden, wurde also biologisierend als Eigenschaft zugeschrieben. Darüber erfuhren die Versklavten eine Rassifizierung. Sie wurden also nicht versklavt, weil sie rassifiziert waren; sie wurden vielmehr über die Versklavung rassifiziert. Wenn sich der Kolonialrassismus über die Biologisierung der zu leistenden Arbeit im Plantagensystem definierte (minderwertig, tierisch, kulturlos, unterentwickelt), dann blieb der Inhalt des Rassismus über die Zeit hinweg flexibel: Wenn der Raum, wie von mir behauptet, als nicht nur rassifiziert, sondern genauso rassifizierend wirkt, dann ändert auch er den Inhalt.

Was kann ein Raum?

Wenn wir uns mit der Frage beschäftigen, warum Räume so werden, wie sie sind, stören wir unweigerlich vertraute Vorstellungen unserer alltäglichen Wahrnehmung: Auf den ersten Blick erscheint uns ein Raum leer, leer wie eine Leinwand, die bemalt werden muss, oder wie ein Schrank, den es zu befüllen gilt. Entweder wir befüllen ihn – wie in einem Computerspiel – mit Häusern, Statuen und Straßen oder die Natur versieht ihn mit Bäumen und heißer Luft. Diese Naturalisierungen von Räumlichkeit verleihen dem Raum eine gewisse Unschuld. Bewohner*innen scheinen ebenso natürlich zu ihren Räumen zu passen: Das Kottbusser Tor in Berlin-Kreuzberg als migrantischer Ort scheint einfach mit der Ankunft türkischer Gastarbeiter*innen entstanden zu sein, die alle zusammenwohnen wollten. Alles scheint sich organisch entwickelt zu haben. Wenn wir räumliche Einheiten jedoch als Bereiche betrachten, die durch Regeln und Gesetze reguliert und in denen Dinge erfasst und bewertet werden, können wir erkennen, wie stark diese Räume uns beeinflussen und das soziale Leben organisieren. So attestierte Karl Marx 1848 in seiner »Deutschen Ideologie«:

»Die größte Teilung der materiellen und geistigen Arbeit ist die Trennung von Stadt und Land. [...] Mit der Stadt ist zugleich die Notwendigkeit der Administration, der Polizei, der Steuern usw., kurz des Gemeindewesens und damit der Politik überhaupt gegeben. Hier zeigte sich zuerst die Teilung der Bevölkerung in zwei große Klassen, die direkt auf der Teilung der Arbeit und den Produktionsinstrumenten beruht. Die Stadt ist bereits die Tatsache der Konzentration der Bevölkerung, der Produktionsinstrumente, des Kapitals, der Genüsse, der Bedürfnisse, während das Land gerade die entgegengesetzte Tatsache, die Isolierung und Vereinzelung, zur Anschauung bringt.«

Auch Friedrich Engels untersuchte 1845 in »Die Lage der arbeitenden Klasse in England« seinen Stadtteil, indem er Zeichnungen davon anfertigte, wie und wo Arbeiter*innen wohnen, um daraus gegebene Machtstrukturen abzuleiten. Genauso benutzte W. E. B. DuBois 1899 jene Stadtteilanalyse, um Systeme zur Unterdrückung der Schwarzen Bevölkerung kenntlich zu machen. Räume werden hergestellt. Sie grenzen sich von anderen Räumen ab und erfüllen unterschiedliche Funktionen. Marx und Engels laden uns dazu ein, die materielle Funktion des Raums zu untersuchen und unsere Aufmerksamkeit am Beispiel von Arbeiter*innenwohnhäusern auf die praktischen Aspekte der Unterbringung der Mehrzahl der Menschen zu lenken. Diese Räume sind von den Kräften des Kapitalismus und dem vorherrschenden Klassensystem geprägt: Sie konzentrieren viel Arbeitskraft an einem Ort, der wiederum an die Produktionsstätte angekoppelt ist.

Andere Philosoph*innen erweiterten dies zur Erforschung der symbolischen Bedeutung von Räumen. So erhält Michel Foucaults Panopticon eine tiefgreifende Bedeutung, weil Menschen durch seine architektonische Aufbereitung gleichzeitig sich selbst ins Verhältnis zur Macht setzen und selbst gesetzt werden, ohne dass diese durch unmittelbaren Zwang körperlich eingreifen muss. Das Panopticon ist ein Gefängnis, das die größtmögliche Überwachung ohne Personal ermöglichen soll. Indem die Zellen der Insass*innen als Kreis rund um einen Überwachungsturm gebaut sind, ist für sie nicht zu sehen, ob im Überwachungsturm jemand sitzt. Allerdings besteht die permanente *Möglichkeit,* gesehen zu werden. Diese Omnipräsenz der möglichen Überwachung prägt das Verhalten der Insass*innen. Das Panopticon ist Sinnbild eines sozialen Systems, das ohne den spezifisch räumlichen Bau nicht möglich wäre. Auch feministische Interventionen zeigen, dass sexistische Ausbeutungs- und Unterdrückungsverhältnisse räumlich strukturiert werden: durch Aufteilungen wie öffentlich vs. privat bzw. wirtschaftlich vs. häuslich. Sie beschreiben damit nicht geografische Standorte, sondern immer auch soziale Stellungen, indem den Räumen spezifische Rollen und Selbstverständnisse zugrunde liegen: Die Frau wird ins Private, in den häuslichen Rahmen verbannt und verrichtet hier Arbeit, die wiederum notwendig ist zur Aufrechterhaltung der anderen Räume.

Diese symbolischen Konnotationen, also die Bedeutung, die Räume erhalten, geben Einblick in die Strukturierung unserer Beziehungen. Ob beim Haushalt, beim Gefängnis oder bei den Arbeiter*innenwohnheimen, alle haben eine Gemeinsamkeit: Räume werden sozial, politisch sowie auch kulturell erzeugt, um bestimmte Ziele, Zwecke und Visionen zu verfolgen bzw. zu erfüllen, die das System am Laufen halten. Die Identität der Menschen, die hier ihre Arbeit leisten, hat somit auch einen räumlichen Referenzpunkt: Der Bauer gehört auf den Bauernhof, die Busfahrerin in den Bus, der Kriminelle ins Gefängnis usw.

Die Stärke eines solchen Raumverständnisses liegt darin, Macht sowohl auf struktureller wie subjektiver Ebene zugleich fassen zu können, da es um ihre konkreten physischen Materialisierungen und Grenzziehungen im Alltag geht. Räumlichkeit hat also eine Funktion im System. Zugleich wird sie aber auch subjektiv als Ordnung erfahren, da wir uns sowohl durch den Raum als auch über die durch ihn uns zugeschriebene Rolle wahrnehmen und von anderen wahrgenommen werden: Wenn Räume produziert werden, werden es auch die dazugehörigen Menschen.

Wie werden aber diese räumlichen Funktionen bewerkstelligt? Manchmal ist dies durch brutale koloniale Eroberungen direkt sichtbar: Neue Räume werden durch imperiale Expansionen angeeignet, umfunktioniert und in die Marktwirtschaft (asymmetrisch) eingegliedert. Der Anthropologe und Geograph David Harvey beschreibt eine ungleiche Entwicklung aufgrund von räumlichen »Fixierungen«. Damit meint er, dass Räume für den Erhalt des Systems neu kapitalisiert werden: Es ist eine kapitalistische Ausdehnung des Raums, die zu weiterem Druck führt, produktive Aktivitäten in bereits kapitalisierten Räumen zu fördern: durch Privatisierungen von staatlichem Eigentum wie dem Gesundheitswesen zum Beispiel. Diese stetige Schlaufe führt direkt zu Krisen. In Zeiten von Krisen kann vorhandenes Kapital nicht investiert werden, wodurch es überflüssig und entwertet wird. Um Investitionsmöglichkeiten zu schaffen, müssen räumliche Neuorganisationen stattfinden (z. B. Gentrifizierungsprozesse). Ähnliches gilt für unsere Arbeitskraft. In Krisen sammelt sich überschüssige Arbeitskraft an, die nicht genutzt werden kann, und sie muss ebenfalls durch räumliche Lösungen neu reguliert werden.

Die Verdammten unserer Stadt: Das Getto

Seit den 1980er-Jahren stellen Stadtsoziolog*innen fest, dass es in städtischen Gebieten eine wachsende soziale Ungleichheit gibt. Egal, ob es sich um Pariser Vororte, Londoner Außenbezirke oder Schwarze Viertel in den USA handelt, sie alle sind geprägt von Armut und entstanden durch den Strukturwandel in der Industriegesellschaft und die damit verbundene Neugestaltung wirtschaftlicher Prozesse. Die Stadt ist nicht mehr, wie Marx und Engels es attestierten, Zentrum eigener Reproduktion, wenn zukünftige Arbeitskräfte anderswo billiger produziert werden. Das führt dazu, dass einerseits Städte in ökonomisch weniger entwickelten Ländern zu wirtschaftlich entwickelteren Orten werden *(first worlding)*, während andererseits ehemalige Handelsmetropolen zu weniger wirtschaftlich entwickelteren Gebieten werden *(third worlding)*. Oftmals fällt der Begriff des Gettos in diesen Zusammenhängen, doch fehlt es an analytischen Auseinandersetzungen, was damit gemeint ist. Das Getto bezeichnet laut den Studien von Loïc Wacquant ein begrenztes städtisches Gebiet, das von sozialer Isolation und durch die systematische Beschneidung von Raum und dadurch der Lebensmöglichkeiten der dort Ansässigen geprägt sei. Ursprünglich stammt der Begriff aus dem Italienischen von *borghetto*, was zu Deutsch »außerhalb der Stadtmauern« bedeutet und im 16. Jahrhundert jüdische Siedlungen beschrieb, die dazu dienten, ethnisch definierte Bevölkerungsgruppen durch Begrenzung zu regulieren.

Mit dem 19. Jahrhundert und der vorausgegangenen kapitalistischen Privatisierungswelle wurde das Konzept vom Getto zu einer Schnittstelle ethnischer Definierung und ausgebeuteter Arbeitskraft. So wurden beispielsweise chinesische Einwander*innen in den USA gezwungen, unter polizeilicher Kontrolle in ethnischen Enklaven zu leben, um dort als Arbeiter*innen gezielter überwacht werden zu können. Nun sind diese Orte als Chinatowns bekannt.[1] Heute bezieht sich der Begriff Getto im allgemeinen Sprachgebrauch auf Schwarze Viertel innerhalb der USA mit hoher Arbeitslosenquote und

1 Ähnliche Prozesse galten auch für türkische Gastarbeiter*innen in den 1960er-Jahren in Duisburg-Marxloh und in Hamburg-Wilhelmsburg.

konzentrierter Armut. Das Getto von heute ist aber nicht das von gestern oder morgen. Räume und ihre Funktionslogiken verändern sich über die Zeit.

Erst ab 1940 begannen sich Gettos in den USA zu entwickeln. Während dieser Zeit wurden Forderungen von Bürgerrechtsbewegungen nach rechtlicher Integration zusehends anerkannt, aber auf räumlicher Ebene Ausschlussmechanismen weiterhin angewendet. Nach dem Ersten Weltkrieg wurden Schwarze Menschen in US-amerikanischen Städten als ungelernte Arbeitskräfte rekrutiert, die für die aufstrebende Industriewirtschaft unverzichtbar waren. Millionen Schwarzer Amerikaner*innen zogen in den Norden, wurden in abgetrennte Regionen nahe der Produktionsstätte am Stadtrand angesiedelt und als billige Arbeitskräfte ausgebeutet. Der Urbanisierungsprozess im Norden ging mit einer Wohnungspolitik einher, die Schwarze Menschen in Vororte verbannte: Sie sind als sogenannte *black belts,* also als »Schwarze Gürtel« bekannt geworden. Bis 1966 bildeten Gettos also ethnische Enklaven, in denen sowohl die arme als auch die wohlhabendere Schwarze Bevölkerung lebte. Obwohl die negativen Merkmale von Gettos erkannt wurden (verfallene Wohnungen, Überbelegung, mangelhafte sanitäre Einrichtungen usw.), wurden sie als Eigenschaften von Slums angesehen, die nicht nur auf Schwarze Gemeinden beschränkt waren.

Bisher wurden nur wenige Untersuchungen über die qualitativen Veränderungen im Schwarzen Getto in den USA durchgeführt. Doch mit dem Übergang zur postfordistischen Stadt hat sich die räumliche Gestaltung der ethnischen Enklaven drastisch verändert: In den 1970er-Jahren führte die Deindustrialisierung zu Arbeitsplatzverlusten in den Städten und zur Abwanderung wohlhabender Menschen und Unternehmen in ländlichere Gegenden (Kapitalflucht). Dadurch verloren städtische Gebiete massenhaft Arbeitsplätze, während ländliche Gebiete durch Investitionen umgestaltet und zur Bewältigung der Krise neu erschlossen wurden. Diese Umstrukturierung hat dazu geführt, dass ehemals sozial gemischte Stadtviertel, die mit der Produktion verbunden waren, nun sozial isoliert erscheinen. Das heutige Getto ist neu in seiner Beständigkeit und wird daher auch als »Hypergetto« oder »Getto der Ausgestoßenen« bezeichnet. Ausgestoßen, weil die Bewohner*innen für die vorherrschende Ordnung keine nützliche Rolle spielen und nur durch staatliche und private Wohlfahrtsprogramme gerade so überleben können. »Hyper« deswegen, weil der Ausschluss auf Dauer angelegt ist.

Nicht jedes verfallene Viertel deindustrialisierter Städte stellt also ein Getto dar. Die qualitative Verschärfung des Charakters des Gettos als dauerhafte Institution des sozialen Ausschlusses legt nahe, dass wir es nicht einfach als Slum oder Viertel der Unterschicht verstehen sollten, sondern dass es eher vergleichbar mit Institutionen der Zwangseinsperrung wie Reservate, Lager oder Gefängnisse ist. Denn: Nur weil bestimmte Gebiete verfallen sind, bedeutet das nicht automatisch, dass sie dazu dienen, Menschen auszuschließen und sie unterzuordnen. Gettos verstecken nicht nur die Menschen, die dort leben, sondern nehmen sie auch ins Visier. Der räumliche Ausschluss von Arbeitsmöglichkeiten, öffentlicher Infrastruktur und anderen Ressourcen führt zur fortlaufenden sozialen Benachteiligung, die die Unterdrückung reproduziert.

Das neu erzeugte Getto steht der »räumlichen Lösung« gegenüber und wird mit ihr erzeugt, es sind zwei Seiten einer Medaille: Während die Kapitalbesitzenden, die von der Stadt aufs Land ziehen, neuen Raum erschließen, entsteht eine räumliche Kompensation, durch welche Armut und Arbeitslosigkeit konzentriert in anderen Gebieten regulierbar und kontrolliert werden. Die räumliche Expansion im Inland wird also von einer internen Kolonisierung begleitet. Imperialismus ist, selbst wenn er einen globalen Prozess darstellt, notwendigerweise auch etwas, das durch das Lokale greift. Dieser Prozess produziert im postfordistischen Getto mit den dort Lebenden aber nicht mehr eine eingegliederte Arbeitskraft *(black belt),* sondern eine überflüssige und sozial isolierte Gesellschaftsschicht (Hypergetto). Es gibt eine Korrelation zwischen rassifizierten Gruppen und dem Getto als sozialer Institution. Die Rassifizierung ist nicht von der materiellen Produktion des Raums zu trennen. Damit ist das Getto eine rassifizierte Struktur, da ihm eine spezifische Funktion als Mittel rassistischer Unterdrückung und imperialer Herrschaft innewohnt. Diese Segregation basiert auf der Annahme einer Gruppenidentität. Diese Identitätskonstruktion muss jedoch nicht zwangsläufig im Voraus existieren, sondern kann auch durch die räumliche Strukturierung selbst geformt und vermittelt werden. Hierauf möchte ich nun etwas genauer eingehen.

Gemachte Orte, gemachte Menschen

Im Falle von Gettostrukturen betrachte ich den »Raum« als etwas Produktives. Das heißt: Durch ihn werden Menschen verteilt, organisiert und hierarchisch geordnet. Die Entstehung von Gettostrukturen wurde bereits erklärt, aber ihre Aufrechterhaltung geschieht nicht automatisch. So attestierte auch Marx: »Mit der Stadt ist zugleich die Notwendigkeit der Administration, der Polizei, der Steuern usw., kurz des Gemeindewesens und damit der Politik überhaupt gegeben.« Räume, die geschaffen wurden, bleiben also nicht einfach bestehen wie ein Stück Plastik, sondern werden aufrechterhalten durch Institutionen und Praktiken. Ein anschauliches Beispiel für die Kontrolle und Regulierung des Raums ist die Polizei.

Den Gettostrukturen deindustrialisierter Städte ist gemein, dass sie Polizeien vorweisen, die proaktiv im Einsatz sind, während in anderen städtischen Räumen reaktiv gearbeitet wird. Der proaktive Einsatz der Polizei muss dabei nicht bedeuten, dass diese Orte kriminalitätsbelasteter sind. Viel eher kommt es zu einem höheren Verzeichnis an kriminellen Taten, weil die Polizei hier verstärkt kontrolliert. Eine Erhöhung der Polizeipräsenz an einem Ort führt immer zu einer statistisch erfassten

Erhöhung an Vergehen. Über diese wiederum wird eine erhöhte Kontrolle gerechtfertigt. Hierfür werden Gettostrukturen oftmals als »Gefahrengebiet« oder »Brennpunkt« deklariert. Das heißt, dass die Menschen aufgrund ihres Wohnorts einem Generalverdacht unterliegen. Im Unterschied zum reaktiven Polizieren werden also nicht einzelne Akte als kriminell geahndet, sondern dort ansässige Menschen als Ganze. Vermeintlich abweichendes Verhalten wird so im Vorfeld verortet. An diesem Ort gilt es dann, das erwartete Verhalten vor seinem vermeintlichen Eintreten zu vereiteln. So erschafft die Polizei selbst die Gruppe, die überwacht werden soll, sowie auch die Rechtfertigung dafür.

Polizeiliche Kontrolle tritt nicht nur an bestimmten Orten oder gegenüber einer bestimmten Menschengruppe auf, sondern eben an deren Schnittstelle (Gettos, Banlieues usw.), sodass rassistische Unterdrückungsverhältnisse eine spezifische Geografie besitzen. Diese Geografie wird durch Gettoisierungsprozesse geschaffen und über räumliche Kriminalisierungspraktiken aufrechterhalten. Wenn es beispielsweise in Berlin-Neukölln einen Abbau der Jugendhilfe und der Sozialdienste gibt, bei einem gleichzeitigen Ausbau der Polizei, dann wird ein sozialer Brennpunkt erschaffen und zugleich kriminalisiert. Menschen werden so buchstäblich mit weniger Handlungsmöglichkeiten ausgestattet und zugleich durch alltägliche Beschränkungen in ihrem Alltag und ihrer Lebenswege an ihrem Platz gehalten (beispielsweise durch stetige Kontrollen, Razzien etc.).

Diese räumlichen Einschränkungen und Kriminalisierung produzieren zugleich »Wissen«. Durch die spezifische Form der Erfassung durch die Polizei werden den Ansässigen »Wahrheiten« zugeschrieben. Sie werden für etwas *wahr*genommen und in dieser *Wahr*nehmung einer konstruierten polizeilichen Wahrheit unterworfen. Die polizeiliche Adressierung schafft damit eine Grenzziehung, die Menschen durch die Kontrolle zu den »zu Kontrollierenden« macht und für »normabweichend«

erklärt. Wer ein »normal« setzen möchte, braucht grundlegend die Konstruktion eines »Anderen«. Die Erzeugung von Risiko, Unsicherheiten oder vermeintlich abweichenden Gruppen ist also kein Nebeneffekt, sondern Bedingung dafür, Wissen über »die Norm« herstellen zu können. Was in Berlin-Neukölln unter dem Schlagwort Clans verhandelt wird, in Pariser Vororten mit *racaille* bezeichnet oder in Londoner Vorstädten als *muggers* gesucht wird, folgt diesem Prinzip. Diese von der Polizei und den ihnen nahestehenden Medien reproduzierte Wahrnehmung vermeintlich krimineller Personengruppen folgt Wissenssystemen der gleichen räumlichen Funktionslogik für die Absicherung der vorherrschenden Ordnung. Die sich darum rankenden rassistischen Begrifflichkeiten dienen als Legitimationslegende. Die vermeintlich abweichende Gruppe wird über polizeiliche Kategorisierung und dementsprechend verfasste Statistiken konstruiert und bekommt einen spezifischen lokalen Referenzpunkt: Im Getto! Im Gefahrengebiet! In der Banlieue!

Während die rassifizierten Zuschreibungen selbst leer sind und auf nichts Reales verweisen, erhalten sie durch die räumliche Bezugnahme soziale Realität. Die Gruppenkonstruktion wird also dann zu »gesichertem Wissen«, wenn sie als polizeiliches Kategorisierungssystem ver*ort*bar wird. Das »Was« braucht sein »Wo«. Worauf sich Regierungshandeln zu beziehen hat, muss räumlich gesetzt werden. Wissenssysteme haben so notwendigerweise eine räumliche Komponente.

Obwohl wir uns als frei und selbstbestimmt sehen, sind wir dennoch auf gesellschaftliche Vorstellungen und Strukturen beschränkt, in denen wir uns denken und lenken können. Die diskutierten Kontrollmechanismen und Grenzziehungen im Raum können als Beispiele dafür betrachtet werden. Die Grenzziehung im städtischen Raum betrifft konkrete Individuen. *Race* wird nicht nur geschaffen und verortet, sondern auch erfahren. Die unterschiedliche Ansprache der Bevölkerung (proaktiv oder reaktiv) hat nicht nur eine ordnende Funktion, indem sie Unterdrückung räumlich vermittelt, sondern auch Einfluss darauf, wie sich Menschen selbst verstehen. Durch die Stigmatisierung der Kontrollen lernen die »zu Kontrollierenden« Ungleichheit und bekommen permanent ihren gesellschaftlichen Ausschluss demonstriert, indem sie räumlich markiert und ausgeschlossen werden. Der Blick der Polizei hat eine disziplinierende Wirkung auf Menschen, auch wenn sie nicht direkt physisch damit konfrontiert sind. Denn durch die proaktive Zuweisung von räumlichen Verdachtsbereichen entsteht die allgegenwärtige Möglichkeit polizeilicher Kontrolle. Es wird gelernt: bestimmte Straßen meiden, sich im Fall einer Kontrolle betont unterwürfig geben, die Hände langsam nach oben heben, um statt der zugeschriebenen Gefahr Harmlosigkeit zu signalisieren, denn Aufbegehren kann zu noch mehr Unterdrückung oder gar zum Tod führen.

Nicht zu vergessen sind dabei ebenfalls die Scham und die Reue, die Menschen nach einer Kontrolle empfinden. Der Anthropologe Didier Fassin geht in seinen ethnografischen Studien zu den Pariser Banlieues umfassend den Gefühlen und dem Verhalten von Menschen nach, die dortigen polizeilichen Kontrollen unterworfen werden. Die ständige Routine demütigender Erfahrung funktioniert wie eine körperliche Erziehung der zugeschriebenen gesellschaftlichen Position und der in diesem Zusammenhang geforderten Unterordnung. Diese manifestiert sich in stetiger Angst: vor einer Kontrolle, vor gewaltvoller Erniedrigung oder davor, dass Polizist*innen einem etwas »zuschieben«. Kurzum: Die Kontrollierten lernen, dass sie keinen Anspruch auf die Wahrnehmung ihrer Rechte haben und fühlen sich oftmals einer Überanpassung verpflichtet, die zur Akzeptanz eigener Unterlegenheit führen kann. Wie Menschen sich selbst sehen und verhalten, ist also auch Effekt des eigenen Verhältnisses zu staatlicher Führung. Ruth Wilson Gilmore schreibt mit Bezug auf das US-amerikanische Getto dazu: »An solch unwirtlichen Orten isoliert sich jeder.« Der angerufene Mensch erkennt sich in den Menschenbildern, die diesen Räumen zugeordnet werden, wieder und bezieht diese in der Herausbildung eigener Identität auf sich. So laufen Selbst- und Fremdführung zusammen. Das rassifizierte Subjekt wird dementsprechend weniger durch seine Hautfarbe definiert denn als Gegenstand polizeilicher Wachsamkeit, der über die räumliche Regulierung zu sozialer Realität wird.

Die Wissenssysteme, die durch polizeiliche Kontrollen umgesetzt werden, haben auch Auswirkungen auf die Konstruktion der vorherrschenden Gesellschaft. Wenn Stuart Hall sagte: »Ich habe nie an *Race* und Ethnizität als Unterkategorie gearbeitet. Ich habe immer die soziale Formation untersucht, die rassifiziert ist«, meinte er damit auch, dass es keine Orte gibt, die nicht rassifiziert sind. Die Frage ist nur, ob als Schwarz oder weiß, also welches Eigentumsverhältnis (auch an sich selbst) den Personen zugeschrieben wird. Die polizeiliche Kriminalisierung des Raums und der Ausschluss sind grundlegende Prinzipien zur Schaffung einer »übergeordneten Identität« mit einem damit verbundenen Sicherheitsgefühl. Die räumliche Vermittlung dieses Sicherheitsgefühls zeigt nicht nur gesellschaftliche Seiten der Unterdrückung auf, sondern erschafft sie überhaupt erst: Es besteht also eine wechselseitige Beziehung. Auch wenn über den räumlichen, polizeilich ausgeführten Generalverdacht das Getto als homogen betrachtet wird, kann es nur über die Betonung von Differenz existieren.

Die Erzeugung einer dauerhaft kontrollierten Person, einer Person, die als Ganzes kriminalisiert wird, einer vermeintlich völlig abweichenden Lebensweise, schafft auch »polizeiliche Nichtverfolgungsmuster« und damit unkontrollierte Personen, die durch die Kontrolle anderer ein Gefühl von Sicherheit und Befähigung erhalten. »Sicherheit« beschreibt also einen Antagonismus, der räumlich vermittelt wird. Die Kontrolle von Bevölkerung(sgruppen) verläuft über die Regulierung erschaffener Räume und der darauf aufbauenden Vertreibung, Verteilung, Beschränkung und Benennung dieser Gruppen und produziert damit auch die dazugehörigen Identitäten. Räumlichkeit ist soziale Praxis und erschafft damit gesellschaftliche Deutungsmuster, in denen (sich) gedacht und geformt wird. Praktiken der Rassifizierung werden durch die Produktion und Kontrolle des sozialen Raums in Kraft gesetzt. Demnach beschreibt Raum ein wechselseitiges Verhältnis: Er ist sowohl Produkt als auch Produzent rassifizierter Strukturen.

Einen Platz haben, ohne auf ihn beschränkt zu sein

»Raum« ist eine rassifizierte Struktur. Ihm kommt eine spezifische Funktion als Mittel innerhalb rassistischer Unterdrückung und Herrschaft zu. Er ist Produkt von ihr und zugleich selbst produktiv, weil Menschen über ihn in ein bestimmtes Verhältnis gesetzt werden. Den Ansässigen werden Möglichkeitsfelder und Verhaltensweisen mitgegeben, die durch die räumlichen Begebenheiten strukturiert werden. Rassifizierung wird im und durch den Raum erlebt. Der Raum wird so weit abstrakt, dass die erzeugten Gegebenheiten (Arbeitslosigkeit durch Deindustrialisierung, Kriminalität durch gezielte erhöhte Polizeipräsenz etc.) den Ansässigen als natürliche Eigenschaft selbst zugeschrieben werden und so den Inhalt des Rassismus mitbestimmen. Raum ist damit nicht einfach Ergebnis sozialer Faktoren, sondern stellt diese auch her. So ist ein Raum rassifiziert und wirkt rassifizierend nicht wegen der dort ansässigen Menschen, sondern wegen seiner Funktion, die diese Menschen in ihre Positionierung einordnet. Elemente des Sozialen spiegeln sich also nicht nur in räumlichen Anordnungen wider, sondern Rassifizierung kann erst dadurch existieren, dass ihr räumlich Ausdruck verliehen wird. Raum wird so zu einer Art Werkzeug, das Kontrolle und Herrschaft ermöglicht. Die Art und Weise, wie Räume etwa durch Landnutzung und den Zugang zu bezahlter Arbeit durch den Staat organisiert werden, dient der Aufrechterhaltung kapitalistischer Ordnung mitsamt seiner Unterdrückungsweisen. Marginalisierung und Ungleichheit werden durch unterschiedliche räumliche Anordnungen und die damit einhergehenden Ansprachen und Möglichkeiten geschaffen und gleichzeitig aufrechterhalten.

Für diejenigen, die Rassifizierung erfahren, begrenzt der Raum, wie wir uns in einem Körper bewegen und an welchem Ort wir wie sein können und wo nicht. Dieser Prozess nennt sich Verkörperung. Rassifizierung ist also fest in den Raum eingebettet, sodass *Race* über den lokalen Bezug zu einer sozialen Realität wird, der seine Fortdauer stützt. Die präventive Polizeiarbeit stellt dabei eine Form der Grenzverteidigung dar, die ansonsten auch für Kriegsführungen oder Eroberungen »ins Äußere« typisch sind. Die imperialen Eroberungen ins Außen für räumliche Expansionen greifen in anderer Form genauso im Lokalen. Entsprechend lassen sich laut Eduardo Mendieta Gettos auch als »eine Region des Rassifizierungskriegs« verstehen. Damit einher geht die Adressierung der Polizei in jenen Gebieten als »Besatzungsmacht« statt als »Freund und Helfer«.

Wer Öffentlichen Luxus in der Stadt realisieren möchte, darf das Terrain, auf dem wir arbeiten, nicht als Gegebenes akzeptieren. Denn wer den Raum als natürlich versteht, läuft Gefahr, die gleichen Ausschlüsse zu reproduzieren, die wir bekämpfen wollen, und wird immer wieder auf das vermeintlich Gegebene zurückzufallen. Solange wir uns nur damit befassen, den Raum, in dem wir uns befinden, verschönern zu wollen oder den Zugang zu ihm zu erweitern, wird das an seiner grundlegenden Architektur nichts ändern – im Gegenteil. Oftmals führt dieser Ansatz zu weiterer Unterdrückung. Wenn beispielsweise staatliche Umbaumaßnahmen unterstützt werden, die Kieze sozial durchmischen sollen, führt das in erster Linie zu Verdrängung aus marginalisierten Orten. Wenn Polizeien diversifiziert werden sollen, greift dies nicht die dahinterliegende räumlich regulierende Unterdrückungsfunktion an. Stattdessen setzt Öffentlicher Luxus radikal neu strukturierte Räume voraus.

Räume sind nicht nur Instrument und Ergebnis von Unterdrückung, sondern auch Orte der Zusammenkunft, des Zusammenfindens und des Widerstands. Wer das Getto abschaffen will, der will nicht die dortigen Menschen und Beziehungen abschaffen, auch wenn jene durch das Getto entstanden sind. Unsere Praxis muss eine des Auf- und des Abbaus sein. Wer die materiellen Bedingungen selbst ändern möchte, der muss Gegenorte schaffen, die die räumlichen Regulierungen infrage stellen, um sich aus einem Platz der Gegenmacht heraus artikulieren zu können. Abbau bedeutet, die Tatsache zu nutzen, dass viele Menschen als (gemachtes) Kollektiv auf relativ begrenztem Raum leben, was dabei helfen kann, Angriffe auf unser Leben zu verhindern: eine Abschiebung, Polizeikontrollen, einen Naziaufmarsch im eigenen Kiez oder den neuen Hotelbau. Aufbau heißt, kollektive Strukturen zu erkämpfen, die unsere Reproduktionsarbeit gemeinsam organisieren, die Konflikte fern strafender Regime regulieren und gegenseitige Unterstützungsarbeit leisten. Abbau und Aufbau gehen Hand in Hand.

Wegen der Verbindung räumlicher Regulierung durch imperiale Praktiken nach innen, etwa als Gettoisierung, und nach außen, etwa in Kriegen, ist eine lokale und zugleich internationalistische Politik notwendig, die über den nationalstaatlich gesetzten Rahmen hinausgeht. So bezogen sich jüdische Widerstandskämpfer*innen in ihren Aufrufen zum Aufstand im Warschauer Getto auf das Jubiläum der Pariser Kommune: Die Kommunard*innen verschrieben sich einer räumlichen Rekonstruktion von Paris. Sie etablierten alternative Strukturen: nicht nur, indem sie den Raum zurückeroberten, aus dem sie verdrängt wurden – sondern durch seine Neustrukturierung auf vergesellschafteter Basis und durch Organe der demokratischen Selbstvertretung. Damit Gerechtigkeit realisiert werden kann, muss sie immer auch räumlich hergestellt werden. Wir schaffen Gerechtigkeit im Prozess der Herstellung eines Ortes. Eines Ortes für uns.

Quellen & weiterführende Literatur:

— Didier Fassin: Enforcing Order: An Ethnography of Urban Policing, Cambridge 2013.
— Ruth Wilson Gilmore (2022): Abolition Geography: Essays Towards Liberation, London/New York 2022.
— David Harvey. Räume der Neoliberalisierung. Theorie der ungleichen Entwicklung, Hamburg 2005.
— Karl Marx/Friedrich Engels: Die deutsche Ideologie, in: dies.: Werke [MEW], Berlin 1956ff., Bd. 3, S. 9–530.
— Loïc Wacquant: Urban Outcasts: A Comparative Sociology of Advanced, Cambridge 2004.

Warum wir als Gesellschaft wieder Land gewinnen müssen

Mit Essen spielt man nicht

von Anne Klingenmeier
und Gesine Langlotz

Mit Essen spielt man nicht. Es hat einen Grund, dass Nahrung als Lebensmittel bezeichnet wird, denn ohne Essen ist menschliches Leben nicht möglich. Trotzdem werden Grundnahrungsmittel an der Rohstoffbörse als Kapitalanlage genutzt, sodass Profite am Ende mehr zählen als Menschenleben.

Es macht für Anbieter keinen Sinn, Getreide heute billig auf den Markt zu werfen, wenn schon klar ist, dass der zukünftige Preis höher sein wird. Grundnahrungsmittel werden also an der Rohstoffbörse zurückgehalten und künstlich verknappt, um höhere Profite zu erzielen. So wurden Getreideerträge nach Beginn des Ukrainekrieges 2022 gezielt zurückgehalten und auf höhere Preise zu einem späteren Zeitpunkt spekuliert, während Bäckereien in arabischen Staaten bereits wegen Getreidemangel schließen mussten. Reale Knappheitssituationen wie Krisen, Kriege und Ernteausfälle werden also ausgenutzt, um die Profite auf Kosten des Lebens der Ärmsten zu maximieren. Die Preise für Grundnahrungsmittel sind von Angebot und Nachfrage entkoppelt. Umwelteinflüsse,

Kriege und Missernten beeinflussen die Preisbildung, doch maßgeblich bestimmen Aktienkurse, Risikobereitschaft und Zinshöhe, ob Lebensmittel für Menschen bezahlbar sind oder nicht – ob sie (ver-)hungern oder nicht. Die Folgen dieser Preisspekulationen treffen vor allem Menschen im Globalen Süden, aber auch in Spanien waren 2011 um die 2,2 Millionen Kinder dauerhaft schwer unterernährt. Unterernährung meint dabei nicht Mangelernährung, sondern bezieht sich auf die tatsächlich aufgenommene Menge an Kalorien. Zahlreiche Erhebungen zeigen, dass die Menge der verfügbaren Nahrungsmittel global (noch) ausreichend ist und kein Mensch an Hunger leiden müsste. Das Problem sind jedoch die Verteilung und die Spekulationen am Weltmarkt auf Nahrungsmittel, die zu chronischem Hunger führen. Hier zeigt sich die Perversität kapitalistischer Zerstörung in all ihrer Grausamkeit.

Entstehungsgeschichte des Agrarkapitalismus

Laut Ellen Wood lassen sich die Wurzeln des Kapitalismus vor Jahrtausenden in Europa auf dem Land und in der Landwirtschaft ausmachen. Denn seit Beginn der landwirtschaftlichen Produktion gibt es eine Ausbeutung der Bäuer*innen durch die Aneignung ihres produzierten Mehrwertes bzw. ihrer Mehrarbeit. Grundlegend für den Kapitalismus ist die Enteignung der Produzierenden von ihren Produktionsmitteln (z. B. durch die Einhegung des Landes), wodurch diese eigentumslos werden und für ihre Existenzsicherung auf Lohnarbeit angewiesen sind. Vom 16. Jahrhundert bis ins 18. Jahrhundert hinein wurden Massen von eigentumslosen Bäuer*innen aufgrund der veränderten Eigentumsverhältnisse immer mehr von der kapitalistischen Praxis abhängig: Es ging darum, den Tauschwert zu steigern, die Kosten zu senken und immer produktiver zu arbeiten, um sich gegen die aufkommende Konkurrenz durchsetzen zu können.

Als besonders wegweisend haben sich dabei die Vorbedingungen in England herauskristallisiert: Denn in England wurde im Gegensatz zu anderen europäischen Monarchien der Fragmentierung des Landes durch die Feudalherrschaft früher und einheitlich entgegengewirkt, wodurch das Land im 16. Jahrhundert schon lange Zeit auf wenige Lords konzentriert war und von den Bäuer*innen zur Bewirtschaftung gepachtet wurde. Dieser Übergang von Frondiensten und Abgaben zu monetärer Pacht war entscheidend für die Entwicklung des Agrarkapitalismus. Denn wer nicht produktiv genug arbeitete, konnte die Pacht nicht mehr bezahlen und wurde von der Konkurrenz vom Markt verdrängt. Es gab nun nicht mehr bloß einen Markt für Konsumgüter, sondern auch einen Markt für den Zugang zu Land. Diejenigen, die die Pacht nicht mehr bezahlen konnten, wurden als Lohnarbeiter*innen in der Landwirtschaft und später in der Industrie tätig. Das Ergebnis waren Produktivitätssteigerungen, die von den Landlords durch einen Anstieg der Pachtpreise erzwungen wurden, und eine hochproduktive Landwirtschaft, die in der Lage war, viele Menschen, die nicht in der Landwirtschaft tätig waren, mit Nahrungsmitteln zu versorgen. Dabei ging es den Landlords weniger darum, eine hohe Pacht aus den Bäuer*innen herauszuquetschen, sondern vielmehr darum, die Arbeitseffizienz zu steigern und sich gegen die Konkurrenz durchzusetzen, da der Markt dies erforderte.

Der Agrarkapitalismus setzte sich durch und hat die Bedingungen für die Entwicklungen des industriellen Kapitalismus geschaffen. Denn sonst wären die massenhafte Bereitschaft bzw. Abhängigkeit der Menschen, Lohnarbeiten zu gehen bzw. zu müssen, und der Massenkonsummarkt für lebensnotwendige Güter nicht gegeben gewesen. Der Wettbewerbsdruck aus England hat dazu geführt, dass andere Länder sich ebenfalls konkurrierend verhielten und die kapitalistische Logik sich global ausweiten konnte.

Wer versorgt eigentlich wen mit Nahrungsmitteln?

Die Landwirtschaft selbst ist heute durch und in Produktion und Reproduktion gespalten. Als Produktionssphäre verstehen wir die profitorientierte Produktion durch die Agrarindustrie. Dazu zählen monokulturelle Bewirtschaftung, transnational agierende Saatgut- und Düngemittelkartelle, Massentierhaltung, Monopolstrukturen, die Konzentration des Landes in den Händen weniger und die damit einhergehende Ausbeutung landloser Landarbeiter*innen, die ihre Lohnarbeit zur Existenzsicherung unter oft menschenunwürdigen Bedingungen verrichten. Kosten für durch diese Produktion entstehenden Schäden an der Umwelt werden externalisiert, also auf die gesamte Gesellschaft abgewälzt, während einige wenige von der Ausbeutung von Menschen und Natur profitieren und sich daran bereichern. Unter landwirtschaftlicher Reproduktion wird hier die bedürfnisorientierte und bäuerlich geprägte Herstellung von Lebensmitteln unter dem Leitbild der Ernährungssouveränität, sprich Landwirtschaft als Care-Arbeit, verstanden.

Diese Gegenüberstellung ist stark vereinfachend und in der Realität sind beide Bereiche meist nicht klar voneinander abgrenzbar. Sie hilft aber zu verstehen, welche Strukturen wir für eine zukunftsfähige Landwirtschaft als erstrebenswert erachten und welche nicht. Denn die bäuerliche Landwirtschaft trägt umfassender und zuverlässiger zur Ernährung der Menschheit bei als die Agrarindustrie. Auch die Produktivität pro Fläche und Energieverbrauch ist bei kleinen diversifizierten Bauernhöfen viel höher als bei intensiven agrarindustriellen Bewirtschaftungssystemen. Erhebungen der Food and Agriculture Organization (FAO) der Vereinten Nationen zeigen, dass diese Betriebe pro Flächeneinheit in etwa dreimal produktiver sind als der agrarindustrielle Anbau von Monokulturen. Kleinbäuer*innen produzieren die Grundnahrungsmittel für mindestens 70 Prozent der Weltbevölkerung. Die

Erträge steigen also nicht zwingend mit der Größe der zur Verfügung stehenden Fläche oder anderen Produktionsmitteln wie Maschinen, mineralische Düngemittel oder gentechnisch modifiziertes Saatgut, sondern hängen maßgeblich von der Bewirtschaftungsweise ab. Obwohl ihnen nur zwölf Prozent der gesamten landwirtschaftlichen Nutzfläche zur Verfügung stehen, produzieren Betriebe unter zwei Hektar 35 Prozent der globalen Lebensmittel. Ob ein Betrieb als groß oder klein definiert wird, ist immer relativ und hängt von Standortfaktoren, Bodenfruchtbarkeit und regionalen Agrarstrukturen ab. Kleine Betriebe sind nicht per se gut und große Betriebe nicht per se schlecht. Aber der Mythos, dass es die Agrarindustrie sei, welche uns satt macht, ist vielfach widerlegt. Für die Zukunft sollten wir daher auf krisenfeste und vielfältige Agrarstrukturen setzen und diese fordern und fördern. Nur dann kann die Lebensmittelproduktion der bedürfnisorientierten Reproduktion von Menschen und Lebensgrundlagen dienen statt der Profitmaximierung einiger weniger.

Deutschland steht hier vor enormen Herausforderungen. Seit Jahrzehnten ist das sogenannte Höfesterben in Deutschland ein ungebrochener Trend und ein schwerer Verlust für vielfältige Landschaften und den ländlichen Raum als Lebens- und Arbeitsort. Hier müssen bäuerliche Strukturen erst wieder aufgebaut werden, nachdem über Jahrzehnte das Wachstumsparadigma dominierte und viele Landwirt*innen zur Aufgabe ihrer Betriebe zwang. In zahlreichen Regionen der Welt gibt es hingegen noch eine Vielzahl bäuerlicher Strukturen, die sich gegen ihre gewaltvolle Einhegung, sprich Kapitalisierung und Verstaatlichung oder Privatisierung, verteidigen. Jedoch darf die bäuerliche und vor allem die Subsistenzlandwirtschaft in keinem Fall idealisiert werden. Über einer Million Bäuer*innen stehen weder Traktor noch Zugtiere zur Verfügung. Deren Alltag aus Schinderei und Ausbeutung der Körper, derer es bedarf, um unter diesen Bedingungen Land zu bestellen, ist nicht romantisch, sondern brutal. Es braucht Veränderungen der

Rahmenbedingungen und eine Entkopplung der Lebensmittelproduktion vom neoliberalen Markt, um überhaupt Möglichkeiten zu eröffnen, gutes Essen für alle unter sozial und ökologisch nachhaltigen Standards zu produzieren.

Denn sogar wenn die Spekulation auf Nahrungsmittel an den Börsen beendet wäre, blieben Konkurrenz und reale Knappheit als Folge der Klimakrise sowie kapitalistische Strukturen bestehen und somit die große Frage nach der Verteilung von Produktionsmitteln und Ernte. Wie kann eine ökologisch und sozial zukunftsfähige Landwirtschaft gestaltet werden, welche Rahmenbedingungen braucht es dafür und welche Rolle können Vergesellschaftung und Öffentlicher Luxus dabei spielen?

Vergesellschaftung als Grundlage für Ernährungssouveränität

Doch was ist eigentlich diese Vergesellschaftung? Wer den Begriff in eine Suchmaschine ihrer Wahl eingibt, wird vor allem auf den Seiten von Kleintierzuchtvereinen fündig, auf denen ausführlich beschrieben wird, wie einander fremde Karnickel dazu bewegt werden können, friedlich miteinander auszukommen. Darüber hinaus wird es bei der Suche nach einer präzisen Definition der Vergesellschaftung als Hebel für eine sozialökologische Transformation eher dünn. Auch um die Interpretation der juristischen Definition und damit der Anwendbarkeit von Artikel 15 im Grundgesetz, auf den sich die Kampagne »Deutsche Wohnen & Co enteignen« bezieht, wird gerade hitzig gerungen. Der am 28. Juni 2023 veröffentlichte Bericht der Expert*innenkommission, die sich infolge des vor zwei Jahren gewonnenen Volksentscheids von »Deutsche Wohnen & Co enteignen« mit der Gültigkeit der Forderung nach Vergesellschaftung von großen Immobilienkonzernen in Berlin auseinandersetzte, bestätigte, dass diese in der Auslegung der Kampagne rechtmäßig sei. Dennoch bleibt die konkrete Umsetzung der Vergesellschaftung ein politischer Machtkampf, dessen Ende noch offen ist. Es ist also durchaus nicht ersichtlich, was konkret gemeint ist, wenn es um Vergesellschaftung geht.

Wir verstehen Vergesellschaftung als verschiedene mögliche Wege zu einer demokratischeren Daseinsvorsorge, also dem Ziel des Öffentlichen Luxus. Diese Wege können beispielsweise Vergemeinschaftungsansätze, demokratische Enteignungen, Commons-Strukturen oder Widerstand gegen Einhegungsprozesse beinhalten. Der gemeinsame Kern der verschiedenen Wege der Vergesellschaftung liegt in der Priorisierung demokratischer Prinzipien gegenüber kapitalistischer, nutzenmaximierender Markt- und Warenlogik. Die Prinzipien von Vergesellschaftung sind die Demokratisierung von Entscheidungsstrukturen, demokratische Teilhabe und Kontrolle, Freiwilligkeit, Umverteilung sowie vollständige Transparenz über bestehende Nutzungsvereinbarungen und Eigentumsverhältnisse. Freiwilligkeit meint, dass sich die Motivation für eine Tätigkeit aus dem Vergnügen oder der puren Notwendigkeit speist. Das heißt, entweder ich habe richtig Bock, in der Landwirtschaft zu arbeiten, oder die Notwendigkeit, Essen anzubauen, erfordert dies. Außerdem muss die Versorgung mit Grundnahrungsmitteln aller Menschen von der allgemeinen wirtschaftlichen Situation entkoppelt werden. Und egal ob Knappheit oder Überfluss herrscht, es muss ein gerechter Zugang zu Nahrung und Wasser gesichert sein. Auch weil die Klimakrise weder die Ertragssicherheit noch die generelle wirtschaftliche Situation verbessern wird, bedarf es einer Vergesellschaftung – einer Demokratisierung des Agrarsektors.

Der Begriff der Ernährungssouveränität fasst die Ausrichtung der angestrebten strukturellen Veränderungen für den Agrarsektor zusammen. Ernährungssouveränität ist ein Begriff aus dem Globalen Süden und wurde von der bäuerlichen Bewegung La Via Campesina geprägt. La Via Campesina setzt sich aus Kleinbäuer*innen, Landarbeiter*innen, Fischer*innen,

Landlosen und Indigenen aus über 80 Ländern zusammen und ist mit mehr als 200 Millionen Mitgliedern eine der größten gegenwärtigen sozialen Bewegungen weltweit. La Via Campesina definiert Ernährungssouveränität folgendermaßen:

> **»Ernährungssouveränität ist das Recht der Völker auf gesunde und kulturell angepasste Nahrung, nachhaltig und unter Achtung der Umwelt hergestellt. Sie ist das Recht auf Schutz vor schädlicher Ernährung. Sie ist das Recht der Bevölkerung, ihre Ernährung und Landwirtschaft selbst zu bestimmen. Ernährungssouveränität stellt die Menschen, die Lebensmittel erzeugen, verteilen und konsumieren, ins Zentrum der Nahrungsmittelsysteme, nicht die Interessen der Märkte und der transnationalen Konzerne.«** (Nach der Erklärung von Nyéléni, 2007)

Folglich ist die Vergesellschaftung des Agrarsektors als Voraussetzung für Ernährungssouveränität zu betrachten. Denn ohne eine Demokratisierung der Produktion und Verteilung von Lebensmitteln ist das Recht auf gesunde Nahrung und Selbstbestimmung in der Produktion nicht umsetzbar. Umgekehrt ist das Konzept der Ernährungssouveränität Grundlage für die umfassende Vergesellschaftung weiterer Sektoren. Wenn Lebensmittel knapp sind, können andere gesellschaftliche Bereiche nur noch schwer aufrechterhalten werden oder brechen gänzlich zusammen, wie zum Beispiel die Energieversorgung, der Verkehr oder der Bildungssektor. Ernährungssouveränität ist integraler Bestandteil der Daseinsvorsorge und eng mit dem Bestreben nach Vergesellschaftung und Öffentlichem Luxus verschränkt. Hieraus ergibt sich die Notwendigkeit, Landwirtschaft und Agrarsektor als Schauplatz zentraler Vergesellschaftungsansätze zu verstehen und zu gestalten. Ohne vergesellschafteten Agrarsektor wird es ungleich schwerer, andere vergesellschaftete Strukturen zu erhalten oder auszubauen. Ohne Mampf kein Kampf.

Öffentlicher Luxus in der Landwirtschaft

Öffentlicher Luxus als Ziel von Vergesellschaftungsprozessen meint den bedingungslosen (d. h. auch kostenlosen) Zugang zu essenziellen Leistungen und Gütern. Diese werden solidarisch finanziert, kollektiv organisiert, demokratisch gestaltet und kontrolliert. Wesentliche, alltägliche Bereiche werden der Markt- und Profitlogik entzogen. Das ist auch bei Nahrungsmitteln existenziell, um, wie bereits erwähnt, chronischen Hunger und vielschichtige Ausbeutungsverhältnisse auf einer strukturellen Ebene zu vermeiden und eine sozial und ökologisch nachhaltigere Landwirtschaft durch das Konzept der Ernährungssouveränität praktisch umzusetzen. Öffentlicher Luxus meint daher bedingungslose und demokratisch organisierte Daseinsvorsorge für alle. In Bezug auf die Landwirtschaft bedeutet Öffentlicher Luxus, dass zum einen genug Lebensmittel für alle zur Verfügung stehen und Essen durch eine angepasste Bewirtschaftung innerhalb planetarer Grenzen produziert wird. Öffentlicher Luxus schließt kollektive Suffizienz demnach als Leitlinie für eine zukunftsfähige Landwirtschaft unabdingbar mit ein. Zum anderen bedeutet Öffentlicher Luxus auch den kapitalunabhängigen Zugang zu Produktionsmitteln wie Boden, Wasser und Saatgut, um das »Recht der Bevölkerung, ihre Ernährung und Landwirtschaft selbst zu bestimmen« im Sinne der Ernährungssouveränität zu verwirklichen.

Unsere wichtigste Lebensgrundlage (Essen und Trinken) darf kein privater Luxus, im Sinne eines über die Daseinsvorsorge übertrieben hinausgehenden, exklusiven Vergnügens, sein. Privater Luxus bedeutet Ausschluss. Denn der übermäßige, verschwenderische Verbrauch von Ressourcen ist aufgrund planetarer Grenzen unmöglich für alle denkbar. Der Wohlstand einiger Weniger ist allein schon aus materiellen Gründen nicht für alle zu erreichen. Auch in der landwirtschaftlichen Produktion, Verarbeitung und Verteilung findet sich unter Berücksichtigung der Eigentumsverhältnisse die Bereicherung Weniger auf Kosten anderer.

Herrschende Eigentumsverhältnisse bestimmen maßgeblich, wie Lebensmittel produziert, verarbeitet und verteilt werden. Sie bestimmen, wer am Ende Gewinne in Form von privatem Luxus, zum Beispiel leistungslose Einkommen durch Pacht einstreicht, sich an der Ausbeutung von Menschen und Natur bereichert und wessen knochenharte Arbeit und Lebenszeit sich am Ende angeeignet wird. Das heißt nicht, dass alle mit Eigentum böse und schlecht und alle Eigentumslosen handlungsunfähig wären, aber die Zwänge und der Verwertungsdruck, unter denen gewirtschaftet wird, unterscheiden sich wesentlich. Wenn wir beispielsweise auf abbezahltem Eigenland wirtschaften, sind die Möglichkeiten, dies unter höheren ökologischen und sozialen Standards zu tun, viel eher gegeben, als wenn Land noch abbezahlt oder gepachtet wird. Die entscheidende Frage ist: Wer hat Zugang zu Produktionsmitteln wie Land, Wasser, Maschinen und Saatgut? Der Zugang zu Boden ist exklusiver denn je und Flächenbesitz konzentriert sich bei immer weniger Menschen oder Unternehmen. Nutzbares Süßwasser ist immer weniger vorhanden und der Zugang wird ebenfalls immer exklusiver. Der Saatgutmarkt wird von wenigen transnationalen Großkonzernen kontrolliert. Dabei verbieten Sortenlizenzen den Nachbau des eigenen Saatgutes oder schränken ihn stark ein, wodurch die genetische Vielfalt und damit die Resilienz standortangepassten Saatgutes in Bezug auf Wassermangel, Extremwetterereignisse und Ertragssicherheit rapide abnimmt.

Bei der Produktion stellt sich die Frage, was wird wie produziert? Gewinnbringende und in der Regel mit starken Umweltverschmutzungen einhergehende, nicht satt machende *Cash Crops* für Menschen im Globalen Norden oder Grundnahrungsmittel für alle? Die Externalisierung der Kosten landwirtschaftlicher Produktion befeuert die Zerstörung des Klimas, der Böden, der Biodiversität und der Ökosysteme im

Allgemeinen und fördert die Privilegierung einiger Weniger. Die unsoziale Komponente des privaten Luxus in der landwirtschaftlichen Produktion wird anhand der Profitmaximierung durch die Ausbeutung migrantischer Saisonarbeitskräfte und meist weiblicher, häufig unter- oder unbezahlter reproduktiver Arbeitskraft deutlich.

Die Verarbeitungsstrukturen monopolisierter transnationaler Konzernstrukturen bestimmen, welche Produkte angebaut werden. Denn die Wahl der angebauten Kulturen und Sorten hängt maßgeblich von den Konzernen ab. Zahlreiche widerwärtige Lebensmittelskandale zeigen, dass die profitorientierte Lebensmittelindustrie weder an der Gesundheit und gehaltvollen Ernährung der Konsumierenden noch an einem ökologischen Anbau der Produkte interessiert ist. Dies geht auf Kosten der Umwelt und der Gesundheit der Menschen, während beispielsweise Nestlé fette Gewinne einstreicht. Wie zum Beispiel in Kenia, wo Nestlé in einigen Gegenden das Grundwasser für die industrielle Produktion abpumpt und trinkbares Wasser am Ende für die Leute vor Ort, in unmittelbarer Nähe zu den Brunnen, teurer ist als Softdrinks.

Auch die Verteilung der Ernten ist in hohem Maße ungerecht, wie der Abriss über die Spekulationen auf Grundnahrungsmittel bereits gezeigt hat. So kaufen diejenigen, die Kapital haben, den anderen in Situationen der Knappheit einfach alles weg. So zum Beispiel im Dürresommer 2018, als deutsche Landwirt*innen Heu aus Rumänien zukauften, um ihr Vieh durchzufüttern, während die Tiere in Rumänien was genau gefuttert haben? Nichts. Oder wenn in Guatemala in Regionen, in denen Menschen strukturell unterernährt sind, Kaffee für den Globalen Norden anstelle von Grundnahrungsmitteln angebaut wird. Der private Luxus, Kaffee zu trinken, verhindert für andere den Zugang zu Land und die Existenzsicherung mit Grundnahrungsmitteln.

Die sozial und ökologisch gerechte Produktion, Verarbeitung und Verteilung von Lebensmitteln sind Grundlage für

Ernährungssouveränität und dürfen nicht der Mehrung des Kapitals und der Profitmaximierung unterstellt werden. Schon gar nicht auf Kosten hungernder Menschen. Es kommt auch nicht darauf an, ob es sich um zertifiziert ökologisch oder konventionell hergestellte Lebensmittel handelt, sondern darauf, wie sich der Anbau sozial und ökologisch auswirkt. Wie viel Arbeitskraft, Wasser und Energieinput bedarf die Produktion? Wie viel Umweltverschmutzung und Verlust von Böden ruft sie hervor?

Träume von fruchtbaren Land(wirt)schaften

Wagen wir es mal, uns unter dem Paradigma der kollektiven Suffizienz auszumalen, wie Vergesellschaftung die Landwirtschaft lebenswerter, lebendiger und zukunftsfähig machen kann. Es gäbe zunächst viel mehr Menschen, die in der Landwirtschaft arbeiten. Sinnvoll, glücklich und auskömmlich. Nicht jede*r muss die Hacke schwingen oder Trecker fahren, es gilt zum Beispiel auch, Maschinen zu bauen, die an die schonende Bodenbearbeitung angepasst sind. Effektive Hagelschutznetze müssen gegen Extremwetterereignisse ressourcenschonend konzipiert werden. Ackerland ist kostbar und darauf wachsen gute Lebensmittel für alle. Alle heißt auch alle. Denn weltweit verdorren die Äcker, weswegen Leute aus anderen Erdteilen kommen und bleiben. Sie bringen ihr Wissen über Anbaumethoden, Bodenaufbau und Lebensmittelhandwerk mit und teilen es. Das Land ist dicht besiedelt und es gibt endlich wieder genug Betriebe, um sich im Falle eines kaputten Schwaders einen anderen von der Nachbar*in ausleihen zu können. Maschinen werden, wo es sinnvoll ist, geteilt und Land wird umverteilt. Denn es kommt nicht darauf an, wer wie viel bewirtschaftet, sondern wie. Wer Landwirtschaft betreibt, wird satt und hat trotzdem Pausen, wenn nicht gerade Hochsaison oder Hochwasser ist. Alle können in der Landwirtschaft tätig sein, wenn sie wollen, und die geschmeidige Integration von Quereinsteiger*innen ist längst Alltag geworden. Das Lebensmittelhandwerk blüht wieder auf und der Geruch von frischem Brot zieht nachmittags durch die Straßen. Die Unterteilung von biologisch und konventionell produzierten Lebensmitteln ist überflüssig geworden, da der Anbau sowieso möglichst ökologisch und unter Achtung sozialer Standards erfolgt. Die Wertschätzung für Lebensmittel ist ins Unermessliche gestiegen, Erntedankfeste fetzen wieder und Containern ist überflüssig geworden, da das einkalkulierte Wegschmeißen von Essen überwunden ist und die Verwertung immer weiter optimiert wird. Auch der Erhalt der Sortenvielfalt und der Wert regional angepasster Sorten sind selbstverständlich geworden und überall wird Saatgut getauscht, gekreuzt und selektiert. Sogar Clementine muss nicht mehr befürchten, im Knast zu landen, weil sie alte Getreidesorten wie den Rotweizen selber nachbaut, erhält und weiterentwickelt, was früher aufgrund von Sortenlizenzen verboten war.

Dem Globalen Süden wurden endlich alle Schulden erlassen, Reparationen gezahlt und das Land an lokale Communities zurückgegeben. Europa ernährte sich schließlich Jahrhunderte von anderen Erdteilen. Gute Beziehungen zu Bäuer*innen in aller Welt werden gepflegt. Regionaler Anbau, Verarbeitung und Verteilung sind kein Selbstzweck, sondern kurze Wertschöpfungsketten erweisen sich als praktisch: Bedürfnisorientierte anstelle von profitorientierter Produktion ist gemeinsames Ziel, die Wertschöpfung ist lokal an den Anbau gebunden, sodass Logistik, Kühlung, Transportkosten und die damit verbundenen Emissionen eingespart werden. Überhaupt geht es ums Teilen. Die Freude nach dem Schweiß und dem Stress der Heuernte ist ein unbeschreibliches Gefühl. Völlig überarbeitet das trockene Heu reinzuholen und danach gemeinsam genüsslich mit Brause zu feiern … Um kollektive Suffizienz für Öffentlichen Luxus in der Landwirtschaft real möglich zu machen, braucht es jedoch vor allem den Erhalt der Lebensgrundlage Boden.

Die Dimension von Bodenverlusten und der Verschlechterung von Bodenfruchtbarkeit

Bodenfunktionen sind die pflanzliche und tierische Lebensmittelproduktion, die Verfügbarkeit von Rohstoffressourcen, Fläche als materielle Grundlage, auf der Menschen leben, die Pufferfunktionen in Bezug auf Schadstoffe und pH-Werte, Wasserreinigung, Grundwasserneubildung, Wasserhalte- und Wasseraufnahmekapazität. Boden fungiert darüber hinaus auch als Treibhausgassenke, da Treibhausgase im Boden gebunden sind. Böden emittieren je nach Nutzungsform und Kontext Treibhausgase, haben jedoch gleichzeitig das Potenzial, Treibhausgase zu binden, und stellen damit ein Potenzial zur Bekämpfung des Klimawandels dar. Boden ist also in vielerlei Hinsicht eine Lebensgrundlage, von der menschliches Leben nicht getrennt zu denken ist und deren Schutz und Erhalt eine existenzielle Dimension hat. Flächenverluste entsprechen einem Verlust der menschlichen Lebensgrundlage. Dabei ist zu beachten, dass neben Bodenverlusten durch Erosion, Klimawandelfolgen, Bodendegradation und Meeresspiegelanstieg auch die sogenannte Flächenneuinanspruchnahme als Flächenverlust verstanden wird. In diesem Sinne verschwindet Fläche nicht oder wird verbraucht, sondern sie geht in ihrer Funktion durch Versiegelung unwiederbringlich verloren. Versiegelung macht Böden undurchlässig und zerstört die natürlichen Bodenfunktionen.

Laut Umweltbundesamt betrug der Verlust an landwirtschaftlicher Nutzfläche zwischen 2016 und 2021 unter Einbeziehung von Tagebauen, Kiesabbaugebieten und weiteren Faktoren durchschnittlich 93 Hektar am Tag. Die Siedlungs- und Verkehrsfläche hat sich in Deutschland in den letzten 60 Jahren mehr als verdoppelt. Im Jahr 2022 wurden täglich durchschnittlich 54 Hektar als solche neu ausgewiesen. Dies geht vor allem zulasten landwirtschaftlicher Flächen und Naturräume, die wir im Angesicht der Klimakatastrophe so dringend bräuchten! Versiegelung hat negative Auswirkungen auf die Biodiversität und die Resilienz von Ökosystemen sowie auf die menschliche Lebensqualität im Allgemeinen. Tiere und Pflanzen verlieren ihren Lebensraum durch Verdrängung und Zerschneidung, Biotope gehen verloren und das Mikroklima sowie die Luftzirkulation werden durch Versiegelung negativ beeinflusst. Darüber hinaus steigt die Hochwassergefahr. Die Grundwasserneubildung und der Wasserhaushalt im Allgemeinen werden gestört, die Wasserreinigungsfunktion von Böden wird beeinträchtigt. Gegen eine Bodenpolitik, die die Akkumulation und Versiegelung des Bodens massiv vorantreibt, muss daher entschieden vorgegangen werden, um neben Wasser unsere existenziellste Lebensgrundlage Boden zu erhalten und den Zugang zu ihm zu vergesellschaften.

Parallelen ländlicher und städtischer Bodenpolitik – Stadt und Land mal Hand in Hand?!

Es ist erstaunlich, aber es gibt derzeit zwei nahezu parallel agierende Bewegungen zur Bodenpolitik – eine städtisch und eine ländlich geprägte. Viele Politikansätze ließen sich schlagkräftiger voranbringen, würde man die Brücke zwischen Land und Stadt hier auch praktisch schlagen und die Gemeinsamkeiten stärken. »Wohnraum für alle!« und »Gutes Essen für alle!« sind nahezu identische Slogans und zielen auf die Grundversorgung aller ab, die maßgeblich vom Boden abhängt. Doch derzeit sind Zwangsräumungen von Mieter*innen und Höfen an der Tagesordnung. Die Miet- und Pachtpreisbremse sind Instrumente, die in Gesetzen wirksam gegen drastische Preissteigerungen und Verdrängungsdynamiken verankert werden müssen. Die sogenannten Share Deals spülen auf dem Immobilien- und Agrarflächenmarkt steuerfrei immer mehr Vermögen in die Taschen von Konzernen und Reichen und müssen abgeschafft werden.[2]

2 Eigentlich haben Landwirt*innen ein Vorkaufsrecht bei Agrarland. Wenn aber ein außerlandwirtschaftlicher Investor den Betrieb kauft und die Flächen somit indirekt mit, dann umgeht er das Vorkaufsrecht. Wenn er nur 90 Prozent der Anteile kauft, ist der Deal auch noch grunderwerbssteuerfrei. Dann handelt es sich um einen *Share Deal*.

Es gibt allerdings auch Reibungspunkte zwischen der städtischen und ländlichen Bodenpolitik. Austausch, gemeinsame Analysen und das Überwinden der Vorurteile über »die Städter*innen« oder die »Hinterwäldler*innen« sind notwendig. Unbedingt sollte hier der Unterschied zwischen Agrar- und Bauland gemacht werden. Ein*e Junglandwirt*in sollte günstig an Boden kommen, Einfamilienhäuschenbauende jedoch nicht, denn die Gründung vieler neuer landwirtschaftlicher Betriebe ist sinnvoll, die Versiegelung von fruchtbarem Ackerboden für Eigenheime nicht. Die Versiegelung durch Bau- und Industriegebiete sowie Verkehrsinfrastruktur ist seit jeher üble Flächenfresserin von Agrarland und muss, wie bereits gezeigt, drastisch eingeschränkt werden. Es gibt viele offene Baustellen auf dem Bodenmarkt. Doch grundsätzlich gilt es, die öffentliche Daseinsvorsorge in den Vordergrund zu rücken, und Bodenpolitik ist ein zentraler Hebel dafür. Der Privatisierungsstopp der BVVG-Flächen ist ein kleiner Anfang.[3] Öffentliches Land und Wohnraum müssen wie bei der Gemeinwohlverpachtung konsequent nach sozialökologischen Kriterien vergeben und bewirtschaftet werden. Aus der Zivilgesellschaft heraus müssen noch mehr regionale Bodenbörsen und Landsicherungsorganisationen wie das Ackersyndikat oder die Kulturlandgenossenschaft gegründet werden, um auf lokaler und betrieblicher Ebene Land zu sichern und Strukturen zu erhalten, die sich schon jetzt aus der kapitalistischen Logik Stück für Stück herauslösen. Das Land – im Sinne von ländlichem Raum und im Sinne von Boden – muss einen höheren Stellenwert in der politischen Auseinandersetzung bekommen, denn es versorgt die Stadt mit Nahrung und Energie. Bodenpolitik ist ein strategisch sinnvoller Ansatzpunkt für soziale Bewegungen, um die Kluft zwischen Stadt und Land ein Stück zu schließen.

---

3 Die BVVG ist die Nachfolgeorganisation der Treuhand für Agrarflächen, die seit 1992 die Flächen der ehemaligen DDR verwaltet und preistreibend verkauft, vorwiegend an große Betriebe. Es waren einmal eine Million Hektar und 2023 waren noch 92 000 Hektar übrig.

Politische Instrumente für eine sukzessive Bodenmarktreform

Wenn man die derzeitigen Verhältnisse auf dem Bodenmarkt analysiert, fallen viele Missstände auf, denen dringend Einhalt geboten werden muss, wie zum Beispiel den bereits genannten Share Deals. Seit mehr als zehn Jahren setzt sich eine Handvoll Landwirt*innen für Agrarstrukturgesetze ein. Mittlerweile werden sie in vier Bundesländern in Parlamenten verhandelt. Die Agrarstrukturgesetze sollen unter anderem die Steigerung von Pacht- und Kaufpreisen drosseln und Anzeigeregularien einführen, um Transparenz auf dem Boden- und Pachtmarkt zu schaffen. Sie wirken wie eine Bremse für den Ausverkauf der Böden. Auch aktivistische Besetzungen gegen Kohle- und Kiesgruben, gegen Industrie- und Logistikgebiete oder gegen die nächste Autobahn verteidigen lebendigen und fruchtbaren Boden.

Es bleibt immer die Frage, wie soll der Boden genutzt werden? Und wie wird er verteilt? Es muss entschieden werden, wie viel Ackerland für die Produktion von erneuerbaren Energien aufgewendet wird. Welche Kulturen mit welchem Wasserbedarf noch anbaufähig oder zum Anbau erlaubt sind, welche und wie viele Tiere auf welchem Standort im Sinne von Klimaschutz und Ernährungssouveränität ihre Berechtigung haben, oder an welchen Stellen man den Boden regenerieren lässt und nichts macht, zum Beispiel beim Biotopschutz, in Moorgebieten oder Teilen des Waldes. Ein Instrument, das Ausblicke in diese Auseinandersetzungen um Nutzungsprioritäten gibt, ist die Gemeinwohlverpachtung. Eine feine kleine revolutionäre Realpolitik, entwickelt auf Höfen in Ostdeutschland, die am öffentlichen Land von Städten, Gemeinden, Bundesländern oder Kirchen ansetzt. Mit dem erarbeiteten Punktekatalog, anhand dessen Pachtbewerber*innen nach sozialökologischen Kriterien bewertet werden, können Menschen vor Ort in ihrem Gemeinde- und Stadtrat eine gemeinwohlorientierte Verpachtung des öffentlichen Landes erstreiten. In Erfurt, Kyritz in Brandenburg und in der Diözese Münster ist dies bereits gelebte Praxis, die es auszuweiten gilt. Aber neben der Frage der Nutzung ist die Frage nach gerechter Verteilung ebenso zentral. Eine wichtige steuerpolitische Maßnahme wurde und wird von der Arbeitsgemeinschaft bäuerliche Landwirtschaft (AbL) ausgearbeitet, die progressive Grunderwerbssteuer. Dabei sollen die ersten Hektare für Landwirt*innen steuerfrei sein, um überhaupt einen Betrieb gründen zu können. Mit 720 000 Euro ist die Landwirtschaft einer der Sektoren, der am meisten Kapital benötigt, um einen Arbeitsplatz zu schaffen, was auch an den extrem hohen Bodenpreisen liegt. Für eine nachhaltige Landwirtschaft braucht es dringend mehr Menschen in diesem Sektor und Zugang zu Land ist ein entscheidender Faktor. Derzeit blockiert die aktuelle Wirtschaftsweise hier enorm viel Potenzial, indem sie den selbstbestimmten Berufseinstieg von ausgebildeten Menschen und Quereinsteiger*innen verhindert.

Die Verteilung der EU-Agrarsubventionen ist ebenfalls eine zentrale Herausforderung beim Umbau der Landwirtschaft. Die Subventionen der Gemeinsamen Agrarpolitik (GAP) entsprechen einem Drittel des EU-Haushalts. Sie wurden nach dem Zweiten Weltkrieg eingeführt, um die Versorgung der Bevölkerung eines zerstörten Mitteleuropas zu gewährleisten. Es ging um die Produktion von Masse und dabei sollten die Bäuer*innen unterstützt werden. Die Fördergelder werden seither größtenteils nach Fläche ausgeschüttet. Wer viel Land hat, bekommt viele Subventionen. Wer viel hat, dem wird gegeben. Dieses Paradigma muss dringend ersetzt werden und anstatt an Eigentum und Besitz müssen Subventionen an die Qualität der Bewirtschaftung und Produktion geknüpft werden. Die Agrarsubventionen ließen sich auch als »Care-Geld« verstehen. Hier ist in der EU und in ihren Mitgliedsstaaten bereits eine beträchtliche gemeinschaftliche Summe für die Landwirtschaft vorhanden, sodass *nur* noch um die Nutzung des gemeinsamen Budgets gerungen werden muss. Doch leider setzt sich seit Jahrzehnten immer wieder die Agrarlobby durch und nur Teilveränderungen kommen durch. Was jedoch leicht umzusetzen wäre, ist die Einführung der Definition des »aktiven Landwirts/der aktiven Landwirtin«. Auf nationaler Ebene könnten so außerlandwirtschaftliche Investor*innen von den Subventionen ausgeschlossen werden, wenn ihr Jahreseinkommen aus der Landwirtschaft am Gesamteinkommen unter fünf Prozent läge. Denn derzeit profitieren leider die großen Betriebe und Unternehmensverflechtungen von den Subventionen massiv, während die dadurch beförderte Überproduktion in Europa in anderen Teilen der Welt die lokalen Märkte zerstört. Die GAP-Gelder sollten nicht abgeschafft werden, sondern im Sinne einer qualitativen Ausschüttung zum Umbau des Agrarsystems verwendet werden, so wie die Krankenversicherungsgelder in entprivatisierten Krankenhäusern für die gute und menschenwürdige Pflege ausgegeben werden müssten.

Um materielle Unterschiede zu machen, kommen wir in der Bodenpolitik an den Parlamenten nicht vorbei, ob lokal, landes- oder bundesweit. Der Kampf um Wasser und Land hat schon längst begonnen. Auch hierzulande. Alles drängt auf den Boden, ob Energiesektor, Industrie, Verkehr oder Bau. Um die sozialen Unterschiede in diesen Krisenzeiten abzupuffern und die Folgen der Klimakrise gerecht zu verteilen, ist Bodenpolitik essenziell. Wir haben nur diese eine Erde. Wenn die Böden tot sind oder sich unter Kontrolle weniger Konzerne befinden, dann fehlt der Grund zum Leben.

»Stolperfallen« im Vergesellschaftungsdiskurs

Doch im aktuellen Vergesellschaftungs- bzw. Enteignungsdiskurs gibt es Stolperfallen, die zeigen, dass Vergesellschaftungsromantik auch gefährlich sein kann, wenn man zum Beispiel einen Blick auf die ostdeutsche Agrargeschichte wirft. Nach dem Zweiten Weltkrieg entstanden in Deutschland mit den beiden getrennten Staaten auch zwei unterschiedliche Agrarsysteme. Im Westen lief die Landwirtschaft privatwirtschaftlich weiter und die Industrialisierung und Spezialisierung schritten weiter fort. Auch im Osten wurde auf Industrialisierung gesetzt. Die Bodenreformen verstaatlichten dort jedoch Land in der Enteignungswelle und kollektivierten in mehreren Phasen die Bewirtschaftung, indem fast nur noch in großen Landwirtschaftlichen Produktionsgenossenschaften (LPG) zusammen gewirtschaftet wurde und gleichzeitig etwas Zuverdienst im Nebenerwerb erlaubt war. Spannend ist, wie gespalten und mannigfaltig die Meinungen zu diesen Prozessen bis heute sind. Die im Zweiten Weltkrieg geflohenen und zugezogenen Bäuer*innen hatten meist deutlich weniger Land zur Bewirtschaftung bekommen als die Ansässigen. Die Nichtansässigen befürworteten die Kollektivierung, denn ein Auskommen auf so wenig Land war sehr schwierig. Es gab Aufstände auf dem Land wie in Thüringen und um Halle, als die Zwangskollektivierung weiter zu den großen Höfen fortschritt. Und es gab Mobs, die vor den Häusern der letzten Bauern standen, die sich weigerten, in die LPG zu gehen. Vor dem Mauerbau flohen viele nach Westdeutschland. Die Strukturen auf dem Land wurden jedenfalls durch die Zwangskollektivierung komplett umgewälzt, dieser Bruch ist bis heute wenig aufgearbeitet. Die Veränderungen in der Nachwendezeit im Agrarsektor waren einschneidend und undurchsichtig. Betriebe eines sozialistischen Agrarsystems mussten sich extrem schnell auf dem globalisierten Weltmarkt behaupten. Der Transformationsprozess war von vielen Ungerechtigkeiten wie Betriebsschließungen, sehr hohen Entlassungszahlen und korrupten Aufkäufen geprägt. Die einen sagen, es war ein Fortschritt in der LPG mit Urlaub und festen Arbeitszeiten, die anderen verkrafteten den Verlust ihrer Höfe und der selbstbestimmten Arbeit nie und einige nahmen sich im Zuge der Landkollektivierung das Leben. Für die nächsten war es ein Segen in den 1990er-Jahren ihr Land aus den Genossenschaften herauszunehmen, häufig wurde dies aber auch verwehrt. Und für viele war die Einführung der Demokratie mit drastischen und intransparenten Privatisierungsprozessen direkt mit wirtschaftlichem Abstieg verbunden, der bis heute die politische Lage in Ostdeutschland prägt. Die vergangenen Ungerechtigkeiten zu analysieren und zu bearbeiten, trägt zur Entwicklung eines emanzipatorischen Ostverständnisses bei, das dem komplexen Gefüge der Ostgeschichte gerechter wird.

Der gravierende Unterschied zu unseren Vorschlägen zur Vergesellschaftung des Agrarsektors besteht darin, dass die Demokratisierung von Entscheidungsstrukturen, demokratische Kontrolle, Transparenz per Definition der emanzipatorische Kern eines solchen Prozesses und des angestrebten Öffentlichen Luxus in der Daseinsvorsorge sein sollen. Viele Menschen in Deutschland haben bereits umfangreiche und einschneidende Erfahrungen mit Enteignung und Kollektivierung gemacht. Auch die Privatisierung nach der Wende ist ein massiver Einschnitt für viele im Osten gewesen. Diese Erfahrungen prägen auf komplexe Art und Weise den Vergesellschaftungsdiskurs heute. Wir sollten daraus unbedingt lernen und ostdeutschen Perspektiven mehr Raum und Gewicht lassen, um Fehler weder theoretisch noch praktisch zu wiederholen.

Landwirtschaft als Querschnittsthema

Damit eine ökologische Transformation des Agrarsektors nicht auf Kosten der Allgemeinheit geht, braucht es Öffentlichen Luxus. Öffentlicher Luxus in der Landwirtschaft bedeutet Ernährungssouveränität für alle, inklusive einer gerechten Verteilung von Lebensmitteln und dem Zugang zu den wichtigsten Produktionsmitteln wie Boden, Wasser und Saatgut. Vergesellschaftung mit der Bodenfrage zusammen zu denken, ist dafür unabdingbar.

Ökologische Anliegen werden nicht gegen soziale ausgespielt, sondern zusammengedacht, menschliche Arbeit wird aufgewertet und Lebensmittel werden innerhalb planetarer Grenzen angebaut. Die sozialökologische Transformation beinhaltet, wie gezeigt, die umfassende Verwirklichung von Ernährungssouveränität durch Vergesellschaftungsprozesse. Dabei kann Öffentlicher Luxus in Bezug auf die Ernährung verschiedene Politikbereiche miteinander verbinden.

Die Wichtigkeit der Grundversorgung mit Nahrung und Wasser ist für alle nachvollziehbar. Daher ist sie besonders attraktiv für Auseinandersetzungen mit Vergesellschaftung. Der Zugang zu Land und damit zu Ernährung ist existenziell für menschliches Leben und Grundlage für andere Vergesellschaftungsprozesse. Ziel im Sinne einer demokratischen und vergesellschafteten Daseinsfürsorge ist, Ernährungssouveränität über kollektive Suffizienz zu erreichen. Dafür braucht es eine gerechte Bodenpolitik und die Vergesellschaftung von Boden, Wasser, Saatgut und anderen Produktionsmitteln als Baustein von Öffentlichem Luxus. Es gibt viel zu verteidigen und viel zu gewinnen für Vergesellschaftung in diesem Bereich – also ran an die Kartoffeln!

Quellen & weiterführende Literatur:

— Stephan Albrecht/Albert Engel (Hrsg.): Weltagrarbericht. Synthesebericht, Hamburg 2009.

— Arbeitsgemeinschaft Bäuerliche Landwirtschaft: Gemeinwohlorientierte Verpachtung. Kriterien für die Verpachtung landwirtschaftlicher Flächen in öffentlicher und privater Hand, Hamm 2022.

— Silvia Federici: Die Welt wieder verzaubern, Wien/Berlin 2020.

— Gesine Langlotz/Eva Mahnke/Katharina Talanow: Bausteine für Klimagerechtigkeit – Neue Bodenpolitik. Konzeptwerk Neue Ökonomie, Leipzig 2023.

— Liz Alden Wily: Globaler Landraub. Die neue Einhegung, in: Silke Helfrich (Hrsg.): Commons. Für eine neue Politik jenseits von Markt und Staat, Bielefeld 2012, S. 166–176.

— Ellen Meiksins Wood: The origin of capitalism. A longer view, London 2002.

— Hartmut Zückert: Allmende und Allmendaufhebung. Vergleichende Studien zum Spätmittelalter bis zu den Agrarreformen des 18./19. Jahrhunderts, Stuttgart 2003.

— Hartmut Zückert: Commons: Von Grund auf eingehegt, in: Silke Helfrich (Hrsg.): Commons. Für eine neue Politik jenseits von Markt und Staat, Bielefeld 2012, S. 158–165.

— Simon Sutterlütti/Stefan Meretz: Kapitalismus aufheben. Eine Einladung, über Utopie und Transformation neu nachzudenken, Hamburg 2018.

— Elinor Ostrom/Ekkehard Schöller: Die Verfassung der Allmende. Jenseits von Staat und Markt, Tübingen 1999.

— Jürgen Kocka: Geschichte des Kapitalismus, 3., überarbeitete Auflage, München 2017.

— Alke Jenss: Vertreibung als Strategie: Landkonflikte in Kolumbien, in: Peripherie 32/2012, S. 249–274.

— Silke Helfrich/David Bollier: Frei, fair und lebendig – Die Macht der Commons, Bielefeld 2019.

— Ackerland gerecht verteilen. Gespräch mit Gesine Langlotz, in: LuXemburg 1/2023, https://zeitschrift-luxemburg.de/artikel/ackerland-gerecht-verteilen/.

GEWERKSCHAFTEN *für* Öffentlichen LUXUS

Klimakrise abwenden – das Leben der Arbeitenden verbessern

von Astrid Schöggl

Um das 1,5-Grad-Ziel zu erreichen und somit das Überschreiten planetarischer Kipppunkte und damit einhergehender unkontrollierter Klimakrisenfolgen zu verhindern, müssten die globalen CO_2-Emissionen sofort drastisch sinken. Dass wir immer noch nicht auf diesen Pfad einlenken, bedeutet: Es werden bewusst die Lebensgrundlagen der Menschheit für die Profite von Wenigen zerstört.

Ihnen gegenüber stehen die Vielen, die mangels Eigentum nur ihre Arbeitskraft anzubieten haben, um sich das Leben leisten zu können. Sie organisieren sich kollektiv, weil sie nur so ihre Interessen gegenüber den Wenigen durchsetzen können: in Gewerkschaften. Das Spannungsverhältnis zwischen dem kapitalistischen System und der Umweltzerstörung wird unmittelbar in der Lebensrealität der Arbeitenden deutlich: Sie verdingen sich bei ungerechter Bezahlung in mehrheitlich klimaschädlichen Industrien, die zugleich die Lebensgrundlagen für sie und ihre Kinder gefährden.

Wider das Ausspielen der sozialen gegen die ökologische Frage

Lange Zeit war der Kampf gegen die Klimakrise kein Thema der Gewerkschaften. Vielmehr standen sie in der Geschichte schon öfter auf der Gegenseite der Klimabewegung. In Österreich erinnern sich viele noch an die Auseinandersetzungen um das Atomkraftwerk Hainburg in den 1980er-Jahren, bei denen sich Umweltaktivist*innen und diejenigen, die ihre Arbeitsplätze bedroht sahen, unversöhnlich gegenüberstanden. Der Kampf um Hainburg ist nach wie vor Teil des kollektiven Bewusstseins. Inzwischen ist in der Debatte um eine sozialökologische Zukunft beiden Seiten zunehmend bewusst: Über den Arbeitsprozess befindet sich die Gewerkschaftsbewegung an einer zentralen Schnittstelle zwischen Natur und Gesellschaft. Wenn Öffentlicher Luxus die Bereitstellung von sauberer Energie, Mobilität, Gesundheit, Pflege, Wasser, Erholung, Bildung usw. bedeutet, dann ist klar: All das ist Arbeit.

Warum lassen sich sozialökologische Konflikte dennoch nicht einfach auflösen? Im dominanten klimapolitischen Diskurs wird das gesellschaftliche Konsumverhalten, das zusammengenommen zur gesamtwirtschaftlichen Nachfrage wird, als zentraler Hebel gesehen, um der klimazerstörerischen Wirtschaft Zugeständnisse abzuringen. Spätestens seitdem der Konzern BP (früher British Petroleum) 2004 das Konzept des ökologischen Fußabdrucks verbreitet hat, versucht man den Vielen einzureden: Wir können über die Nachhaltigkeit des Wirtschaftssystems mitentscheiden, indem wir dieses oder jenes Produkt in den Einkaufskorb legen. Der Appell zur Veränderung richtet sich also an die Konsument*innen, die bewusster einkaufen bzw. verzichten sollen. Dabei könnte man eigentlich viel direkter dort ansetzen, wo die Auswahl der Waren in den Regalen überhaupt zustande kommt: in den Betrieben. In den Produktionsverhältnissen zeigt sich der undemokratische Charakter der kapitalistischen Wirtschaftsweise besonders deutlich, denn wir haben keine Möglichkeit, kollektiv zu entscheiden, was und wie wir produzieren. Gleichzeitig sind aber gerade dort Gewerkschaften eine institutionalisierte kollektive Gegenmacht.

Verkürzt wird den Gewerkschaften als ureigenes Thema die »soziale Frage« in Abgrenzung zur »ökologischen Frage« zugeschrieben. Dabei ist es genauso Teil der gewerkschaftlichen DNA, sich für nachhaltige Arbeit einzusetzen, sich also um die Gesundheit und Sicherheit von Beschäftigten zu kümmern. Aus einer ökologischen Perspektive nimmt gewerkschaftliche Arbeit den Zusammenhang zwischen der Erschöpfung des Menschen und der Natur zum Ausgangspunkt. In Bezug auf die Anpassung an die Folgen der Klimakrise gewinnt diese Dimension rasant an Bedeutung, denn die Folgen der Erdüberhitzung sind auch am Arbeitsplatz immer stärker spürbar. Hitzewellen und andere Wetterextreme, eine intensivere UV-Strahlung oder das Auftreten neuer Allergien und Infektionskrankheiten treffen unzählige Beschäftigte – sei es draußen bei der Arbeit auf dem Bau oder in der Krankabine, unterwegs in Lokomotiven oder drinnen in Büros oder Krankenhäusern. Es ist die Pflicht der Arbeitgeber*innen, ihre Angestellten vor Hitzschlägen, Unfällen oder giftigen Arbeitsmaterialien zu schützen sowie für gutes Licht, saubere Luft und akzeptable Geräuschpegel am Arbeitsplatz zu sorgen.

Mit der Corona-Krise hat sich vielerorts das Homeoffice durchgesetzt und die Arbeit wurde ohne besondere Beachtung all dieser Fragen in die Privatsphäre verlagert. Doch wer ist hier für gesunde Arbeitsbedingungen zuständig, für Probleme wie aufgeheizte Dachgeschosswohnungen, zu wenig Platz für zu viele Bewohner*innen, wer thematisiert die Schwierigkeiten, Lohn- und Reproduktionsarbeit, das Geldverdienen und das Helfen bei den Schulaufgaben der Kinder oder das Wäschewaschen am selben Ort unter einen Hut zu bekommen? Wer schützt Beschäftigte bei der Arbeit sowie in ihren Wohnungen und Häusern vor Gefahren wie Fluten, Stürme oder Brände?

Auch das sind Fragen, für die sich Gewerkschaften oftmals als die Einzigen verantwortlich fühlen.

Insbesondere die sozialistische Arbeiterbewegung hat zudem schon früh erkannt, wie wichtig die Erholung im Freien, in Wäldern, Parks oder am Wasser für die körperliche und psychische Gesundheit der arbeitenden Bevölkerung ist und hat sich dementsprechend für den freien Zugang zu Seen oder Flüssen oder gegen gesperrte Forstwege eingesetzt. Die gewerkschaftliche Forderung nach einem Recht auf Naturgenuss verdeutlicht den ermächtigenden Charakter dieses Ansatzes. Es geht um eine intakte Umwelt als Luxus, von dem die Vielen nicht ausgeschlossen sind.

»Just Transition« und ein »Comeback der Industriepolitik«

Im Zuge der Anpassung an die Folgen der Klimakrise rückt die Frage nach der Nachhaltigkeit von Arbeit *für* die Beschäftigten also immer stärker ins Zentrum gewerkschaftlicher Überlegungen und Strategien. Erst in den letzten Jahren wurde jedoch breiter debattiert, ob die Gewerkschaften sich nicht auch des Themas Klimakrisenursachen annehmen sollten: insbesondere bei der Frage, was und wie wir produzieren. Dort, wo die Produktionsbedingungen bereits Gegenstand der Diskussion sind, allem voran in den fossilen Industrien, plagt man sich mit dem Jobs-versus-Umwelt-Dilemma herum, also dem Problem, dass die Abkehr von klimaschädlicher Produktion und die Schwächung entsprechender Sektoren zu Jobverlusten führen können. Das ist kein triviales Problem, schließlich bedeutet Arbeit für die Vielen Existenzsicherung. Kurzsichtige Vorschläge wie die, alle Betroffenen zu Pflegekräften umzuschulen, zeugen entweder von Ignoranz oder von völliger Strategielosigkeit ihrer Befürworter*innen. Weil der sozial-ökologische Umbau Arbeit ist, wird er nur gemeinsam mit den Arbeitenden gelingen.

Die gewerkschaftliche Antwort auf diese Situation ist die Forderung nach einer sogenannten *Just Transition,* also einem gerechten Übergang. Das würde bedeuten, dass niemand zurückgelassen wird und es denjenigen, die heute noch in den fossilen Industrien arbeiten, ermöglicht wird, in sinnvolle klimafreundliche Jobs zu wechseln. Dieser Ansatz steht erstens vor dem Problem, dass der Material- und Energiedurchsatz und damit die Produktion insgesamt zurückgehen muss, dies aber im Kapitalismus zu Krisen und Verelendung führt. Zweitens erfordert ein gerechter Übergang Strategie und Planung. Es müssten für alle Beschäftigten regional eingebettete Übergangspfade geschaffen werden. Vor der umfassenden Neoliberalisierung nannte man das Industriepolitik, also die staatliche Lenkung und Koordination von Maßnahmen für verschiedene Wirtschaftszweige, zum Beispiel um krisenhafte Branchen zu stabilisieren. Die Industriepolitik war auch ein Ergebnis der sozialpartnerschaftlichen Verhandlungen zwischen Arbeitgeber*innen und Arbeitnehmer*innen und ihren jeweiligen Interessenvertretungen, bei denen über strukturelle Eckplanken für die Produktion entschieden wurde. Mit dem Dogma der freien Märkte und der Krise der Sozialpartnerschaft lässt sich Industriepolitik allerdings schwer vereinbaren. In letzter Zeit erleben wir jedoch ihr Comeback, weil Staaten als Antwort auf Klimakrise, Corona-Pandemie, Lieferkettenengpässe und Standortwettbewerb wieder stärker steuernd in ihre Volkswirtschaften eingreifen. Beispiele hierfür sind der US-amerikanische Inflation Reduction Act oder der European Green Deal, die beide als Antwort auf die »marktfeindliche« Ausrichtung der chinesischen Volkswirtschaft präsentiert werden. In dieser neuen, geopolitisch motivierten Industriepolitik lässt sich allerdings ein wesentlicher Unterschied zu früher erkennen, welcher der Gewerkschaftsbewegung überhaupt nicht gefällt: Niemand darf mitreden.

Mitbestimmung war schon immer ein wichtiges gewerkschaftliches Kampffeld. Auch im Übergang zum grünen Kapitalismus klagen Gewerkschaften Mitbestimmungsrechte für die Beschäftigten ein, zum Beispiel, wenn öffentliche Gelder an Unternehmen zur Dekarbonisierung ihrer Produktion verteilt werden. Eine ihrer Forderungen: Unternehmen sollen Beschäftigungsgarantien abgeben und sich verpflichten, ihre Belegschaften bei der Erstellung von Umbauplänen einzubeziehen. Bisher sind sie damit nicht erfolgreich. Die Arbeiter*innenbewegung steht vor einer Riesenherausforderung: Zur Rettung des Planeten und zur Rettung von Arbeitsplätzen als Existenzgrundlage von Lohnabhängigen ist ein sozialer und ökologischer Umbau der gesamten Wirtschaft notwendig. Es fehlt jedoch jegliche Möglichkeit, einen solchen Umbau im Interesse der Arbeiter*innen zu planen. Die Klimapolitik von oben löst also zurecht Existenzängste aus. So wird weiterhin das Soziale gegen das Ökologische ausgespielt.

Dass Gewerkschaften nicht immer Seite an Seite mit der Klimabewegung standen, wird in Konflikten in zwei der klima- und umweltschädlichsten Bereiche – dem Energie- und Mobilitätssektor – besonders deutlich. Dabei kristallisiert sich eine zentrale Bedingung für eine gelingende und gerechte sozial-ökologische Transformation heraus: die Eigentumsverhältnisse.

Die neoliberale Energiewende

Die sogenannte Energiewende, wie sie derzeit in Deutschland oder Österreich verfolgt wird, setzt vor allem auf »grünen Kapitalismus« und marktförmige Lösungen. Der Markt soll, unterstützt durch staatliche Anreize, erneuerbare Energien als wettbewerbsfähige Technologie hervorbringen. Die Konsument*innen sollen dann im Gegenzug für ein gutes Gewissen auf Ökostrom umsteigen und Energie sparen. Österreichs Gewerkschaften standen diesen staatlichen Vorstößen und Förderungen lange Zeit skeptisch gegenüber.

Auch einige deutsche Gewerkschaften nahmen in der Debatte um den Kohleausstieg eine von der Klimagerechtigkeitsbewegung und Umweltverbänden häufig bemängelte Position ein. Daraus könnte man schlussfolgern, Gewerkschaften seien rückschrittlich, weil sie sich gegen das Vorantreiben der Energiewende aussprechen. Tatsächlich kritisieren die Gewerkschaften bis heute, dass der Ausbau erneuerbarer Energien mit einer Liberalisierung und (Teil-)Privatisierung des Energiemarktes einherging. Zuvor bestand der österreichische Energiemarkt aus wenigen großen Unternehmen, meist mit staatlicher Beteiligung. In diesen Unternehmen ist die betriebliche Interessensvertretung stark, der gewerkschaftliche Organisierungsgrad hoch. Öffentliche Anteile und starke Betriebsrät*innen ermöglichen die Mitgestaltung sowohl der Energieversorgung als auch der Arbeitsbedingungen jener, die sie leisten.

Im Sektor erneuerbare Energien entstanden dagegen viele neue, meist kleine Unternehmen, die rein privatwirtschaftlich geführt wurden und nicht oder nur schlecht gewerkschaftlich organisiert waren. Zugleich gab es hier die größten Beschäftigungszuwächse. Das übersetzt sich aus gewerkschaftlicher Perspektive in ein Problem für die gesamte Energiebranche: Je niedriger der gesamte Organisierungsgrad in der Branche, desto schwächer ist die gewerkschaftliche Legitimierung und desto schlechter sind die Voraussetzungen für die Tarifverhandlungen für alle dort Beschäftigten. Die (Teil-)Privatisierung und Liberalisierung im Energiesektor brachten außerdem einen erhöhten Druck auf die Arbeitsstandards mit sich, und Angriffe auf die Arbeitsstandards in einer Branche sind immer auch ein Problem für die gesamtgewerkschaftliche Verhandlungsposition. Es kam zu Auslagerungen in Richtung Handel, Dienstleistung und allgemein kleineren Unternehmensformen mit dem Ziel, Personalkosten zu minimieren. Ein klassisches Beispiel ist die Ausgliederung der Mitarbeiter*innen von unternehmensinternen Callcentern in Kollektiv- bzw. Tarifverträge, die nicht dieselbe Wertigkeit haben. Politischen Einfluss haben Arbeitende, die ihre Interessen nicht mit Geld (Lobbying, Thinktanks, Parteigroßspenden etc.) durchsetzen können, jedoch nur, wenn sie geschlossen auftreten. Das heißt auch: Je gespaltener die Belegschaften und ungleicher die Beschäftigungsbedingungen sind, desto schwächer ist ihre Stellung gegenüber den Arbeitgebern.

Für einen sozialen und ökologischen Umbau liegt ein großer Hebel in der Daseinsvorsorge, also bei der Energieversorgung, im Nahverkehr oder in der Abfallwirtschaft. Auch in Deutschland wurde gerade in diesen Bereichen in den letzten Jahren viel privatisiert. So wurden traditionell starke Beschäftigtengruppen aus dem Tarifvertrag des öffentlichen Dienstes (TVöD) herausgebrochen, der dadurch insgesamt geschwächt wurde. Privatisierung und Zerschlagung helfen dabei, Gruppen von Arbeitenden gegeneinander auszuspielen. Dieser Eingriff in die Eigentumsverhältnisse erschwert nun die gewerkschaftliche Interessendurchsetzung.

Die Skepsis gegenüber dem Ausbau erneuerbarer Energien lässt sich also nicht auf eine grundsätzlich ablehnende Haltung gegenüber klimapolitischen Vorstößen zurückführen. Es geht vielmehr um das »Wie« der sogenannten Energiewende. Die Gewerkschaften kritisieren die fehlende soziale Gerechtigkeit in der Energiewende: sowohl unmittelbar bei den Interessen der Beschäftigten als auch mittelbar bei Fragen der Versorgung und Finanzierung. Bei der von der EU forcierten Energiepolitik, die weiterhin stark auf ökonomische Anreize setzt, fehlen etwa Vorgaben, die öffentliche Förderungen an die Einhaltung sozialer Mindeststandards (etwa in Bezug auf Arbeitsbedingungen) knüpfen, sowie Anreize zum Energiesparen. Hinzu kommt: Bezahlt wird die Ökostromförderung zu drei Vierteln von privaten Haushalten, wer davon profitiert, sind hingegen die Industrie und Unternehmen. Der ökologische Umbau bleibt also privatisiert. Aus Sicht der Gewerkschaften kann eine flächendeckende Energieversorgung aber nur über öffentliches

Eigentum und staatliche Steuerung funktionieren. Bei Unternehmen mit großer Systemverantwortung ist das öffentliche Eigentum in Österreich nicht umsonst verfassungsrechtlich abgesichert. Unter diesen Bedingungen kämpfen Gewerkschaften nicht für das Soziale und gegen das Ökologische, sondern für eine sozial gerechte Energiewende und gegen die Vereinnahmung klimapolitischer Vorstöße durch profitgetriebene Interessen.

Bei einer Podiumsdiskussion im April 2023 warf eine Aktivistin von »System Change not Climate Change« den Gewerkschaften Passivität und mangelnde Kampfbereitschaft in der Frage des sozialökologischen Umbaus vor. Darauf reagierte die leitende Sekretärin des Österreichischen Gewerkschaftsbunds (ÖGB) Ingrid Reischl:

> **»Es ist mir einmal ein Anliegen zu sagen, dass der ÖGB und seine Gewerkschaften sehr wohl auch jetzt kämpfen. Weil, wir haben alle Hände voll zu tun mit den Lohnabschlüssen. [...] Wir haben in der Energiepolitik erwartet, dass es Eingriffe gibt, wir haben gekämpft dafür, dass man nicht sagt, ›der Markt löst das‹.«**

In der durch den Angriffskrieg auf die Ukraine drastisch zugespitzten Energiekrise, so Reischl weiter, hätten die Gewerkschaften eine demokratische Steuerung der Energieunternehmen vermisst. Dabei sei es nicht ausreichend, stattgefundene Privatisierungen zurückzunehmen und eine Wiederverstaatlichung nach dem bisherigen Modell anzustreben, in dem die Republik Anteile an Aktiengesellschaften hielt. Das Aktiengesellschaftsrecht sieht schließlich vor, dass sich die Mitglieder des Vorstands und des Aufsichtsrats strafbar machen, wenn sie zum Schaden der Aktionär*innen handeln. Für die Bewältigung der Klima- und Energiekrise brauche es eine echte Auslösung der Unternehmen aus der Profitlogik. Dazu Reischl:

> **»Wir haben Energieunternehmen, die größtenteils verstaatlicht sind, aber als Aktiengesellschaften agieren, und dann sagen sie, wann immer man was verlangt: ›Ah, das Aktienrecht ermöglicht das nicht, und dann sitzen wir alle im Gefängnis.‹ Also, wenn staatliche Unternehmen, dann darf man sie auch nicht privatwirtschaftlich führen, sondern im Sinne des Gemeinwohls.«**

Konkret lohnt es sich also immer, einen Blick auf die materiellen Verhältnisse hinter sozialökologischen Konflikten zu werfen, anstatt sich an den kulturellen Prägungen der Gewerkschaften abzuarbeiten. Zugespitzt lässt sich festhalten: Wer Seite an Seite mit den Gewerkschaften für eine klimagerechte Zukunft kämpfen will, muss über die Eigentumsfrage sprechen.

Die Notwendigkeit von neuen sozialökologischen Allianzen

Ein zweiter, inzwischen breit debattierter sozialökologischer Konflikt betrifft die Mobilitätswende und die Zukunft der Automobilindustrie. Auch hier wird Gewerkschafter*innen eine rückschrittliche Haltung zugeschrieben, weil sie nicht bereit seien, für ihre Mitglieder oder gar für sich selbst Komforteinbußen hinzunehmen und sich mit dem notwendigen Abschied vom individuellen motorisierten Individualverkehr, insbesondere von mit fossilen Brennstoffen betriebenen Fahrzeugen auseinanderzusetzen.

Die gemeinsame Kampagne von ver.di und Fridays for Future, #WirFahrenGemeinsam, für eine Stärkung eines nutzerfreundlichen öffentlichen Nahverkehrs und höhere Löhne der dort Beschäftigten ist ein Beispiel für einen längst notwendigen Schulterschluss zwischen Gewerkschaften und Klimabewegung. In Österreich hat sich ebenfalls eine sozialökologische Allianz herausgebildet, und zwar in der Baubranche.

Im Frühling 2022 arbeiteten die Gewerkschaft Bau-Holz und die Umwelt-NGO Global2000 zusammen an einer App, um Bauarbeiter*innen bei der Durchsetzung ihres Rechts auf Hitzefrei ab 32,5 Grad zu unterstützen. Bauarbeiter*innen können von diesem Recht Gebrauch machen, wenn die offiziellen Messwerte der Zentralanstalt für Meteorologie und Geodynamik zeigen, dass es zu heiß ist. Dann können sie aus ihrer Urlaubs- und Abfertigungskasse für die ausgefallenen Arbeitsstunden einen Teil ihres Lohns ersetzt bekommen. Dieses Recht müssen sie jedoch gegen die Interessen der Baustellenleiter*innen durchsetzen, denen die finale Entscheidung darüber obliegt, ob es Hitzefrei gibt. Ein weiteres Problem ist, dass die offiziellen Messwerte der Wetterstationen nur schwer abrufbar sind. Dagegen sollte die neue App helfen. Sie schickt allen am Bau eine Benachrichtigung aufs Handy, sodass die gesamte Belegschaft weiß, dass sie nun ihren Anspruch auf Hitzefrei durchsetzen kann. Diese App präsentierten die Gewerkschaft Bau-Holz und Global2000 gemeinsam mit der Arbeiterkammer auf einer Baustelle und betonte dort:

> **»Wir sind schon mittendrin in der Klimakatastrophe, die ersten Betroffenen finden sich genau dort, wo Hitze und Bodenversiegelung einander treffen: auf der Baustelle. Gerade die Beschäftigten auf Baustellen leisten Schwerstarbeit und leiden massiv unter der Sommerhitze. Kein Bauwerk und kein Fertigstellungstermin rechtfertigen unnötige Qualen bei schwerster Arbeit am Bau. Die Situation wird sich nicht verbessern. Im Gegenteil, die Hitzetage werden mehr und die Situation wird für die Arbeiter und Arbeiterinnen dauerhaft unerträglicher. Immer heißere und längere Sommer erfordern auch in unserer Arbeitswelt Adaptierungen.«**

Diese beiden Beispiele von sozialökologischen Allianzen im öffentlichen Nahverkehrssystem und für eine Klimakrisenanpassung als Arbeitsschutz verbindet, dass es bei den hier behandelten Fragestellungen um bereits etablierte gewerkschaftliche Themen geht. In der Automobilbranche zeigen sich jedoch drastischere Konfliktlinien im Verhältnis zwischen Gewerkschaften und Klimabewegung. Während die Hitze-App entwickelt wurde, standen sich dieselben Akteure zur gleichen Zeit an einem anderen Ort als unversöhnliche Kontrahenten gegenüber. Die Rede ist von dem Bau der umstrittenen Wiener Stadtstraße. Hier positionierte sich die Gewerkschaft Bau-Holz ganz eindeutig gegen Klimaaktivist*innen. Die Stadtregierung plante, den zunehmend dicht besiedelten Außenbezirk Donaustadt an das Zentrum anzubinden und dafür eine vierspurige Stadtstraße mitten durch Grüngürtel und Siedlungen zu bauen. Angebunden werden sollte diese Straße zudem an den Lobau-Tunnel, eine Autobahn, die unter dem Wiener Naturschutzgebiet Lobau gebaut werden sollte. Gegen beide Projekte gab es massiven Widerstand aus der Klimabewegung und von Bürger*inneninitiativen. Klimaaktivist*innen besetzten die Baustelle der Stadtstraße einige Monate lang, bis sie schließlich von der Wiener Polizei geräumt wurden. Während der Bau des ersten Projekts, der Stadtstraße, inzwischen vorangeschritten ist, kippte die grüne Klima- und Infrastrukturministerin den Bau des zweiten Vorhabens, den Lobau-Tunnel. Die Gewerkschaft Bau-Holz kritisierte dies als »infrastrukturellen Kahlschlag«. Das Autofahren sei für viele Pendler*innen alternativlos und die Klimabewegung müsse sich das eingestehen.

Wer dieser Haltung effektiv etwas entgegensetzen möchte, muss bei den materiellen Bedingungen für die Positionierung der Gewerkschaft beginnen. Erstens wäre der Ausweg aus der Abhängigkeit von privaten Pkw ein Ausbau der öffentlichen Infrastruktur als Teil einer öffentlichen Daseinsvorsorge. Zweitens ist auch in dieser Frage die Realität etwas komplizierter, denn der eigentliche Widerspruch liegt in den Produktionsbedingungen.

Konfliktfeld Mobilitätswende

Schauen wir nach Oberösterreich: Dieses Bundesland beherbergt ein Viertel der gesamten Industrie Österreichs und ist für 29 Prozent der nationalen Treibhausgasemissionen verantwortlich. Hier befragte die Arbeitskammer, die insgesamt 178 000 unselbstständige Beschäftigte vertritt, Betriebsrät*innen in Automobilzulieferfirmen sowie in der Chemie-, Papier-, Zement- und Stahlindustrie, wie ihrer Meinung nach ein sozialökologischer Umbau gelingen könnte. Die Antworten zeigen, dass die Beschäftigten und deren Vertretungen nicht in Entscheidungen einbezogen werden und dass weiterhin versucht wird, über Preise, Förderungen, Prämien oder steuerliche Vergünstigungen Marktanreize zu setzen. Erstens sei das ungerecht, so die Befragten, weil diese Förderungen von Steuerzahler*innen finanziert würden, aber ohne Mitspracherechte über Profite letztlich in privaten Händen landeten: »Wenn wir es bezahlen, wollen wir mitreden«, so die Forderung. Zweitens dürfe der sozialökologische Umbau nicht dem Markt überlassen werden. Ansonsten sei er extrem undemokratisch und diene nur der Profitmaximierung einiger weniger Konzerne. Manche Betriebsrät*innen berichteten zudem von Belegschaften, die Ideen für den sozialökologischen Umbau entwickelt haben. Zum Beispiel wollten die Mitarbeiter*innen eines Rüstungsunternehmens ein Kettenfahrzeug zu einem Feuerlöschfahrzeug umbauen, weil sie beobachtet hatten, dass die zunehmenden Brände in Spanien oder Portugal die Feuerwehr schneller an ihre Grenzen bringt. Solche Überlegungen würden jedoch schnell wieder abgewürgt. »Machen wir nicht, interessiert uns nicht«, zitierte der betreffende Betriebsrat das Management. Die fehlende Mitbestimmung über Produktionsentscheidungen erwies sich in diesem Fall als Blockade für den Umbau. Ähnlich erging es der Belegschaft des Lkw-Herstellers MAN Steyr, die unter Drohung einer Werksschließung ein Übernahmeangebot des Investors Sigrid Wolf ablehnte.

Der Betriebsrat setzte auf Verhandlungen mit dem Vorstand in München und legte unter Einbeziehung des gesamten Expert*innenwissens der Belegschaft mehrfach Vorschläge vor, wie der Standort gesichert werden kann. Dem Eigentümer war das jedoch egal, so ein Produktionsgewerkschafter: »Die Eigentümer*innen entscheiden nach ihren Logiken, und Eigentum ist nun mal Herrschaft.«

Wie diese und andere Beispiele zeigen, sind die in der Automobilindustrie tätigen Betriebsrät*innen und Gewerkschaften oft mit besonders eingeschränkten Handlungsspielräumen konfrontiert. Hinzu kommt: In Zweigwerken großer Endhersteller oder den Tochterunternehmen von großen Zulieferern haben sie meist keine entscheidungsfähigen Verhandlungspartner*innen vor Ort. In diesen Konzernen »bist du der Geknechtete«, sagte ein Betriebsrat im Rahmen einer Studie über den Umbau der Automobilindustrie, denn oft gebe es Konflikte mit der Konzernmutter oder Wettbewerb zwischen den Standorten desselben Konzerns. Die Sorge um Arbeitsplatzverluste sei hier durchwegs größer, der Arbeitsdruck höher und die Beschäftigten müssten mit schnellen Veränderungen rechnen. Diese Unsicherheit mache das Thematisieren eines sozialökologischen Umbaus noch schwieriger.

Doch auch der Produktionsgewerkschaft ist inzwischen klar, dass der Ausstieg aus fossilen Brennstoffen zwingend nötig ist. Als Gewerkschaft dürfe man sich da nichts vormachen. Entscheidend ist jedoch, aus welcher Perspektive man auf die umkämpfte Mobilitätswende schaut. Klammert man die Frage nach den Produktionsverhältnissen aus, so liegt die Schlussfolgerung nahe, diese werde daran scheitern, dass die meisten Menschen nun einmal mit dem Auto fahren wollen. Oder man konstatiert, dass aus politischer Trägheit keine ausreichenden öffentlichen Verkehrsnetze gebaut wurden und deswegen die Menschen weiterhin auf das Auto angewiesen sind. Zieht man aber die Produktionsverhältnisse in Betracht, erscheinen die sozialökologischen Konflikte in der Automobilindustrie in einem anderen Licht. Dort wird weiterhin auf die Massenherstellung von Privat-Pkw gesetzt, weil dieser Zweig einen Löwenanteil an der industriellen Wertschöpfung darstellt, für europäische Standorte im internationalen Wettbewerb von hoher Bedeutung ist und daher auch in der Wirtschaftspolitik der deutschen wie österreichischen Regierungen Priorität hat. Kurz: Autos müssen aus wirtschaftlichen Gründen weiterhin produziert und verkauft werden, also macht es auch Sinn, dass das Auto weiterhin im Zentrum der Mobilitätsinfrastruktur steht. Das bedeutet auch, dass sehr viele Arbeitsplätze daran geknüpft sind und Gewerkschaften wie Betriebsrät*innen die Existenzen der dort Beschäftigten schützen wollen. Auch hier handelt es sich um Branchen, die für die gesamtwirtschaftliche Verhandlungsbasis der Gewerkschaften essenziell sind. Die Industriebranchen sind mitunter die am besten organisierten, sie geben auch mit ihren Lohnverhandlungen den Takt für alle anderen Kollektiv- bzw. Tarifverträge vor. Diese Gewerkschaften zu schwächen, würde letztendlich alle Beschäftigten treffen.

Es gäbe allerdings durchaus das Potenzial, das Jobs-versus-Umwelt-Dilemma auf produktive Art zu bearbeiten, wenn die Beschäftigten als Betroffene und Expert*innen in die Diskussion um die Mobilitätswende einbezogen würden und nicht erst als Konsument*innen, die entscheiden müssen, ob sie mit dem Bus oder mit dem Auto zur Arbeit fahren. Ein zentrales Hindernis für diese Mitbestimmung sehen Gewerkschafter*innen und Betriebsrät*innen in den Eigentumsverhältnissen.

Warum die Gewerkschaftsbewegung Öffentlichen Luxus braucht

Für die Gewerkschaftsbewegung verspricht Öffentlicher Luxus in Hinblick auf die Klimakrise drei zentrale Chancen: Erstens, Gewerkschaften können an die Forderung nach Öffentlichem

Luxus anknüpfen, da diese unter anderen Namen oder einem anderen Framing schon immer als sozialpolitisches Anliegen Teil ihrer Kämpfe war. Das bedeutet, mit den Arbeiter*innen für das Recht auf die Deckung ihrer Grundbedürfnisse zu streiten. Dazu gehören nicht nur Sicherheit und Gesundheitsschutz am Arbeitsplatz, sondern auch leistbares Wohnen, eine für alle bezahlbare Energie- und Gesundheitsversorgung, der Zugang zu Bildung oder das Recht auf Erholung in der Natur. Zweitens, Gewerkschaften müssen sich gegenüber ihren Mitgliedern rechtfertigen und können nicht für Politiken eintreten, die für ihre Mitglieder eine Verschlechterung der Lebensqualität bedeuten würden. Das betrifft nicht nur existenzbedrohliche Konsequenzen wie Jobverluste, sondern auch ungerechte Einbußen in der Lebensqualität für die Vielen, während sich die Wenigen aus der Affäre ziehen können. Solange Reiche mit Privatjets und Jachten um die Welt reisen, kann eine Bewegung, die für soziale Gerechtigkeit einsteht, keine ehrliche bzw. gerechte Debatte über gesellschaftlichen Verzicht führen. Das Konzept Öffentlicher Luxus verspricht eine hoffnungsvolle Zukunft, in der die Vielen ein gutes Leben haben. Ein solches Angebot ist notwendig, wenn Gewerkschafter*innen und Betriebsrät*innen auch diejenigen überzeugen wollen, die von der profitorientierten Politik der letzten Jahrzehnte im Stich gelassen wurden. Dabei geht Öffentlicher Luxus über die Systemgrenzen hinaus, bleibt aber konkret vorstellbar. Drittens ist Öffentlicher Luxus nicht nur ein Ziel, sondern gleichzeitig eine Voraussetzung für gewerkschaftliche Kämpfe für sinnvolle Arbeit und Mitbestimmung bei Produktionsentscheidungen. Wenn Eigentum Herrschaft ist, heißt Öffentlicher Luxus mehr Demokratie. Ein Schulterschluss zwischen Klimabewegung und Gewerkschaftsbewegung benötigt das Übereinkommen, dass manche Produktionszweige umgebaut, manche rückgebaut und manche neu aufgebaut werden müssen, ohne dass dabei jemand zurückgelassen wird. Das geht nur, wenn die Arbeiter*innenbewegung den Umbau gestaltet.

Die Vision von Luxus in öffentlichem Eigentum ist also einerseits eine Forderung, hinter die sich die Vielen ohne Angst stellen können. Andererseits rückt sie die Eigentumsverhältnisse ins Zentrum – als Erfolgsbedingung für die Kämpfe der Vielen.

Quellen & weiterführende Literatur:

— Akademie für den sozialen und ökologischen Umbau, www.sozialundoekologisch.org
— Ulrich Brand/Melanie Pichler/Danyal Maneka/Heinz Högelsberger/Nora Krenmayr/Enrico Schicketanz/Markus: Social-Ecological Transformation: Industrial Conversion and the Role of Labour. Sozial-ökologische Transformation: Industrielle Konversion und die Rolle der Gewerkschaften und Beschäftigten. Endbericht des Forschungsprojekts CON-LABOUR, Wien 2020.
— Stefanie Hürtgen: Ökologie als Klassenkampf?, in: Valeria Bruschi/Moritz Zeiler (Hrsg.): Klima des Kapitals: Gesellschaftliche Naturverhältnisse und Ökonomiekritik, Berlin 2022, S. 93–107.
— Michael Soder/Hendrik Theine/Sigrid Stagl: Gewerkschaftliche Strategien in der Transformation der Energieerzeugung, in: Ulrich Brand/Kathrin Niedermoser (Hrsg.): Gewerkschaften und die Gestaltung einer sozial-ökologischen Gesellschaft, Wien 2017, S. 129–156.

Unverzichtbare Fülle

Nachwort

von Eva von Redecker

Köstliches, gesundes Essen. Kühle Brisen oder Sonnensegel. Klare Luft und sauberes Wasser.

Ein warmes Zimmer, umsonst geheizt aus regional gewonnenem grünen Strom und städtischer Geothermie. Überhaupt ein Dach über dem Kopf, nicht, weil man geerbt hat oder pünktlich horrende Mieten zahlt, sondern komme, was wolle. Wenn es Gesundheitsprobleme gibt, kann man einfach in ein medizinisches Zentrum gehen. Keine Karte, kein Formular, kein Zittern um die Kassenübernahme. Pflege ist teilambulant organisiert. Zwischen häuslicher und stationärer Betreuung kann je nach Kapazität und Vorliebe von Betroffenen und Angehörigen abgewechselt werden. Keine Jagd nach Kitaplätzen, weil es wirklich genug für alle gibt. Einfach hingehen gilt auch für Bibliotheken, Museen, Kindergärten, Schulen, Universitäten, für Kantinen und Schwimmbäder. Weil der Mensch ein Mensch ist und weil allen Menschen zusteht, den Reichtum menschlicher und planetarer Arbeit mitgenießen zu dürfen. Apropos hingehen: Man kann auch die Bahn nehmen. Das Streckennetz ist ausgebaut, oft verläuft es auf dem Standstreifen einer ehemaligen Autobahn, die rechte Spur ist für Fahrräder, auf der linken wachsen Oliven und Maronen.

Stellen wir es uns einmal vor. Stellen wir uns die Last vor, die von den Schultern fällt, und die Energie, die plötzlich frei würde. Man muss nicht kämpfen und vorbauen für das eigene Überleben, das sonst niemanden kümmert. Man könnte sich ordentlich ausschlafen und dann schauen, was man unternehmen mag, um die Welt zu reparieren. Und in dem Beruf, in dem man sich schon länger auskennt, könnte man Gehör finden mit den eigenen Verbesserungsideen und -vorschlägen, weil Vernunft und kein windiger Aktienkurs die Entscheidungen leitet. Weil man endlich Arbeitsbedingungen hat, unter denen man sich der Sache auch annehmen kann, und nicht ständig bloß mit dem eigenen Durchhalten beschäftigt ist.

Dieses Bild ist keine große Utopie. Es beschreibt nicht einmal einen umfassenden Systemwechsel. Es ist einfach ernsthafte Sozialdemokratie, eine Demokratie, in der das Soziale unter Anbetracht ökologischer Bedingungen endlich zum Gegenstand politischer Gestaltung wird. Das Grundgesetz gilt selbstverständlich weiterhin, mehr noch, wir würden überhaupt erstmalig ernst machen mit Freiheit, Gleichheit, Menschenwürde. Für manche Märkte und Firmen ist weiter Platz, nur die Bereiche der direkten Daseinsvorsorge würden vom Profitzwang gelöst. Das, was man zum Leben braucht und was jetzt neu auf die Realität des Klimawandels angepasst werden muss, wird zur öffentlichen Angelegenheit. Es gehört niemandem – beziehungsweise allen und sich selbst.

Dadurch entsteht eine ganz neue Sicherheit. Denn nun kann mit der Daseinsvorsorge nicht mehr alles gemacht werden. Keine Freiheit mehr zur rücksichtslosen Zerstörung, kein vorauseilender Gehorsam gegenüber dem Kapital. Das neue Versprechen lautet Leben. Also alles, was es zum Leben braucht: Wasser, Ernährung, Wohnraum, Energie, Mobilität, Gesundheit, Bildung, Kultur, Kommunikation. All das könnte auf menschliche und planetare Bedürfnisse hin organisiert werden und uns frei zur Verfügung stehen. Wenn die Allmende mal dörflich war, warum sollte nicht auch ein Teil der Ackerbauprodukte frei verfügbar sein? Wenn das Krankenhaus bis vor wenigen Jahrzehnten städtisch war, warum sollte es das nicht wieder werden? Wenn die Post staatlich war, warum sollten Twitter und Gmail es nicht auch sein können? Nur so nämlich können sie demokratisch verwaltet werden, können sie überhaupt verantwortlich agieren. Und die meisten Bürger*innen kämen plötzlich in Genüsse, die bislang rar oder undenkbar waren. Luxus, der möglich ist, sobald er geteilt wird.

Teilen setzt voraus, die exklusive Verfügung Weniger über die Lebensgrundlagen aller zu beenden. Das muss nicht auf einmal geschehen, schon die Öffentlichmachung von Luxus in einem einzigen Segment, dem Gesundheitssystem etwa, würde das Leben der Vielen viel besser machen. Medizinische Patente, Medikamente und Forschungsdaten dürfen kein massenhafter Privatbesitz von intransparenten Firmen mehr sein. Es darf keine Oberklassenversorgung geben, von der die restliche Bevölkerung ausgeschlossen ist. Und wenn man sich das erst Mal vor Augen geführt hat, dann spricht wenig dafür, das Prinzip der Vergesellschaftung nicht auch auf andere Bereiche auszudehnen – Ackerbau, Wohnraum, Kultur und Bildung. Auch dann bliebe ein großer Teil des Privatbesitzes unangetastet. Niemand, wirklich niemand, will alte Zahnbürsten. Und selbst wenn jemand die Lieblingsjacke, Omas Küchenschrank oder das Moped will – keine Sorge: Kriegen sie nicht. Die Obergrenze für privaten Luxus greift erst in ganz anderen Höhen. Ein paar Leute – niemanden, den die meisten von uns auch nur kennen – trifft das. Ein Diskussionseinstieg könnte lauten: Keine*r soll 3000-mal so viel haben, wie eigentlich notwendig wäre.

Was hingegen durchaus alle konsumstarken Mittelstandsexistenzen trifft, ist, dass bestimmte Sachen einfach nicht mehr gekauft werden können. Auch jetzt werden mitunter gesundheitsschädliche Produkte verboten. Mit neuem Wissen um Zusammenhänge und Folgewirkungen werden zusätzliche Dinge unerhältlich. Pestizidverseuchtes Gemüse und Fleisch aus Massentierhaltung. Verbrennungsmotoren. Zweitwagen. Wegwerfartikel. Und womöglich wird es dann auch den wenigen Leuten, die sich so was leisten können, nicht mehr möglich sein, einen beheizten Swimmingpool im eigenen Garten anzulegen. Oh nein!! Aber was wird aus deren Freiheit? Worin genau besteht eigentlich der befürchtete Freiheitsverlust, wenn man statt ins eigene Schwimmbad ins öffentliche gehen kann? Warum soll sich die Freiheit nicht auch am geteilten Objekt erfahren lassen – zumal mit längeren Bahnen, Wasserrutsche und Rettungsschwimmerin?

Es ist nicht nur ein dreckiger Trick der Rechten, jede soziale oder ökologische Verbesserung als freiheitsfeindlich zu verschreien. Es ist auch ein Effekt dessen, dass der liberale Freiheitsbegriff einen Pakt mit dem Eigentum eingegangen ist. Das Eigentum birgt ein Versprechen der Gesellschaft, innerhalb seiner Grenzen auch in Zukunft ungestört schalten und walten zu können. Unsere gängige Vorstellung von Freiheit hat sich – genauso wie die der Sicherheit – diesem Versprechen nachgeordnet. Freiheit ist, dass ich ungestört machen kann, was ich will, und dass ich diese Ungestörtheit durchsetzen kann. Der Staat hilft dabei, alle anderen aus meinem Luxus auszuschließen. (Auch wenn es tatsächlich meist andersherum kommt: mich aus dem Luxus der anderen.) Dieses Versprechen – die individuelle, liberale Willkürfreiheit – galt aber nie unbegrenzt. Sie führt nur dann nicht augenblicklich in Despotie und Chaos, wenn gilt, dass die eigene Willkür mit der der anderen vereinbar bleibt, wie zum Beispiel Immanuel Kant es formulierte. Wenn meine Freiheitsausübung die der anderen beschneidet, dann muss ich sie beschränken.

Als in den frühneuzeitlichen Vertragstheorien, die noch immer unsere politische Theorie bestimmen, die Freiheit des Eigentums proklamiert wurde, herrschte eine Auffassung der Welt, die geradezu das Gegenteil unseres heutigen Wissens bildet. Die neuen Vordenker (nicht die Hexen, nicht die indigenen Völker) hielten die Erde für 6000 Jahre alt und für in weiten Teilen vollkommen unbewohnt. Außerdem dachten sie, dass intensive Landwirtschaft eine ungebrochene Fruchtbarkeitssteigerung zur Folge hätte. Von Verseuchung der Böden und Treibhauseffekt gab es nicht die geringste Ahnung. Die Bereicherung der einen durch die Arbeit der anderen erschien ihnen natürlich und völlig unproblematisch (die Leibeigenen, die Vagabund*innen und die ersten Heim- und Fabrikarbeiter*innen wurden ebenfalls nicht gefragt). Wer nicht für andere arbeiten wolle, könne sich schließlich auf einem noch unberührten Stück Erde selbst zum Herren machen. Armut ist so gesehen ein moralisches Problem. Die Leute haben einfach keine Eigeninitiative.

Nichts davon hat den Test der Zeit bestanden. Was jemand mit seiner Scholle, Fabrik oder Kapitalanlage macht, kann nicht nur diese verwüsten, sondern auch dafür sorgen, dass die Scholle der anderen überschwemmt, die Arbeit der anderen wertlos und die Innenstadt überhitzt wird. Wir nutzen, wie George Monbiot in Erinnerung ruft, das Fünffache der uns zustehenden Erdkapazität. Dass das überhaupt geht, also mehr Erdereserven zu nutzen, als es gibt, liegt an der Auslagerung von Verbrauch und Verwüstung in die Zukunft. Das alte Versprechen auf Schutz des Eigentums ist in dieser Zukunft ultimativ heuchlerisch – jeder Besitz wird durch die Naturgewalts-Lotterie gehen, aus der sich nur die Aller-aller-Reichsten absetzen können. Wer sich sein Dasein erarbeiten muss, bleibt jeder Sicherheit beraubt: Wenn das Geld nicht mehr reicht, ist gar nichts garantiert, und was einen umgibt, ist kein einladendes Neuland, sondern sind die Zäune und Sicherheitskräfte, die den Reichtum der anderen bewachen. Und doch schlagen wir uns immer weiter mit einem Eigentumsverständnis herum, das behauptet, privater Luxus würde niemandem etwas wegnehmen. Und mit einem Freiheitsverständnis, das sich einbildet, im (meist unerfüllten) Anspruch auf privaten Luxus die tiefste Menschheitssehnsucht erfüllen zu können.

Eine viel größere Freiheit wird durch die bestehenden Verhältnisse verstellt: die Freiheit, keine Angst mehr um das eigene Leben und um das der anderen haben zu müssen. Also auch keine Angst vor Neid, Rache und Raubzug. Diese Freiheit erwächst aus der Sicherheit, sich auf eine sorgende Gesellschaft verlassen zu können. Eine sorgende Gesellschaft tut sich zusammen, um Wohnen und Speisen und Bildung und Reisen für alle bereitzustellen. Und ja, wir müssen uns zusammentun und zusammen auch tun. Der Traum, durch Technik gänzlich von der Arbeit befreit zu werden, ist mit Einbruch des

Anthropozäns endgültig ausgeträumt. Zur bereits schlecht automatisierbaren Sorgearbeit für Menschen tritt nun noch die für fragile Ökosysteme hinzu. Umso wichtiger ist aber, die Arbeit gerecht zu verteilen und richtig einzusetzen: zuerst für das Leben und zumeist so, dass sie in Form des Öffentlichen Luxus wirklich allen zugutekommt. Den Überlebenskampf können wir einander abnehmen, sodass jeder Einzelnen viel mehr Spielraum zur Lebensgestaltung zuwächst.

Doch selbst, wenn man weiß, dass der private Luxus auf Kosten anderer geht, gibt es zähe, sentimentale Anhänglichkeit an ihn. Alles schön und gut mit der zusätzlichen Wasserrutsche, aber der Preis ist doch, sie mit anderen teilen zu müssen. Die Freiheit, die mein eigener Pool bietet, besteht darin, andere ausschließen zu dürfen – so räsoniert der Reiche oder sein Sympathisant. Das in der Welt des Konkurrenzkampfes ausgebildete Misstrauen, der am Unbehagen über die eigenen unverdienten Privilegien ausgebildete Missmut: Das sind Ansprüche auf Exklusivität, die man gern frustrieren darf. Es gibt kein legitimes Recht, andere von den Unmengen Energie auszuschließen, die man für ein privates Schwimmbad verbraucht. Aber was in der Exklusivität des Eigentums als wertvoll durchschimmert, ist der Anspruch auf Auszeit und Rückzug. Ein Recht auf das viel beschworene »Zimmer für sich allein« sollte es unbedingt geben. Eine Wohnungspolitik, die allen genügend Rückzugsraum bietet, setzt ihrerseits Vergesellschaftung voraus. Damit würde auch eine der Lehren aus der Corona-Pandemie gezogen. Jede und jeder braucht die Mittel, sich zu isolieren. Nicht den Dachterrassenpool nur für die gesellschaftliche Spitze, sondern genug eigenen Platz für alle. Rückzug darf es dabei nicht nur im Privaten geben. Distanzmöglichkeiten braucht es auch auf der Arbeit und für von Gewalt bedrohte Menschen. Öffentlicher Luxus heißt auch überall ausreichend Plätze in Frauenhäusern und überall zusätzliche All-Gender-Toiletten.

Der als Ruf nach Freiheit getarnte Wunsch nach Exklusion kann jedoch auch einem fataleren Skript folgen und bedeuten:

die Exklusion derer, von denen gedacht wird, dass sie sowieso keinen Anteil verdienen. Die Armen, die Rassifizierten, die Migrant*innen. Die Bewährungsprobe für Öffentlichen Luxus ist, ob es gelingt, die Macht rassistischer Ansprüche zu brechen. Wird Zugang universal und bedingungslos gewährt oder doch nur für ein etwas breiteres Klientel? Wie Simin Jawabreh klarmacht, dürfen wir den Raum, in dem Luxus öffentlich gemacht wird, nicht als gegeben betrachten. Er ist vorstrukturiert und auf vielfache Weise besetzt. Besetzt von Polizeiwachen an sogenannten Kriminalitätshotspots und besetzt von dem Phantombesitz weißer Vorherrschaft, also der Anmaßung einiger, über die Bewegungsfreiheit anderer verfügen zu dürfen. Wenn George Monbiot im Blick auf die Fossilwirtschaft sagt, dass Fortschritt im 21. Jahrhundert daran gemessen werden kann, wie viel schädliche Infrastruktur ausrangiert wird, dann gilt das auch für rassistische Infrastrukturen der Staatsgewalt, für Grenzbefestigungen, Lager, Gefängnisse und Polizeikontrollen. Öffentlicher Luxus heißt auch, neue Räume zu bauen, radikal inklusiv, Räume, an denen Phantombesitz abgleitet, weil sie von Grund auf solidarisch konzipiert sind. Keiner will diesen blöden Billionärspool. Wir bauen eine ganze Landschaft von Naturbadeteichen mit Sauna und solargewärmtem Solebecken in der Mitte. Auch die Landwirtschaft ist hier ein gutes Beispiel. Anstatt sich nur an der klassischen Frage der Bodenreform abzuarbeiten – wem welches Land zusteht –, müssen wir Mittel und Wege finden, das Land überhaupt erst wieder wasserdurchlässig, humusreich und insektenfreundlich zu machen, also den Raum schaffen, der dann den Öffentlichen Luxus gewährt. Wie George Monbiot schreibt, ist es eigentlich eine sonderbare Einrichtung, dass Boden überhaupt das Eigentum Einzelner sein kann. Wo er das bleibt, müsste sichergestellt sein, dass seine Nutzung über Genossenschaften und Gemeinwohlpacht auf öffentlich-ökologischen Luxus zielt, wie Anne Klingenmeier und Gesine Langlotz dies fordern.

Die Neuvermessung der Welt, für die es sich zu kämpfen lohnt, bedeutet eine Einschränkung für manche und einen Umbruch der Routinen für viele. Ist es nicht womöglich bequemer, zu warten, bis die Katastrophe da ist, bis man nur noch reagieren kann, bis man nicht mehr selbst die Wahl und Verantwortung hat? Zumindest aus dem Wissen um unsere Verantwortung kommen wir sowieso nicht mehr raus. Die Folgen der imperialistischen Lebensweise liegen klar auf der Hand. Unsere Emissionen drohen im 21. Jahrhundert die Länder zu zerstören, die sich im 20. Jahrhundert aus kolonialer Unterdrückung freikämpfen konnten. Der Klimawandel ruiniert auch in den wohlhabendsten Ländern Lebenserwartungen und Zukunftshoffnungen. Wenn wir einfach warten, bis von oben rationiert wird, wird das meiste auch genau dort landen: in den Taschen der Oberschicht. Und bloß zu rationieren, was da ist, vergibt die Chance, zielgerichtet Neues und Besseres zu schaffen. Dann wird Benzin rationiert, aber die Bahn immer noch nicht funktionieren.

Die größere Freiheit bestünde in jedem Fall darin, die Wahl zu behalten. So sehen es ja viele, die auch derzeit schon versuchen, durch ambitionierte Vorwegnahmen ein anderes Leben einzuüben. Man kann das als vergebene Liebesmühe betrachten oder als bloßen Lifestyle abtun. Aber dass Leute vegan und bio essen, Radfahren, Konsum verweigern, patriarchale Geschlechterrollen boykottieren, schon jetzt, wo die politische Macht fehlt, den kapitalistischen Status quo mit all seinen rassistischen und sexistischen Verstrebungen auszuhebeln – lässt das nicht hoffen? Und bloß, weil ich »vegan« geschrieben habe, heißt das nicht, dass hier nur von urbanen Mittelschichten die Rede ist. Gerade in den Außenbezirken und in der Landbevölkerung, gerade in den nicht hipsterhaft durchästhetisierten Schichten gibt es ja neben »Statussymbol neue Sofagarnitur« auch den gegenläufigen Affekt, eben das Festhalten am Alten, das noch taugt, das Sammeln und Horten und Flicken und Reparieren, von dem viel zu lernen wäre. Heißt das nicht, dass vielerorts die private Genügsamkeit und das schönere Zusammenleben bereits gesucht wird? Ein Leben führen, dessen Sinn sich nicht im »Höher, schneller, weiter« verliert – soll man das Verzicht nennen? Der Beitrag der BUNDjugend spricht stattdessen davon, »ausgrenzendem Eigentum und gewaltvollem Besitz« aktiv zu widerstehen. Damit dieser Widerstand öko-sozial wirksam wird, damit er sich zu wirklichem Wandel auswächst, bedarf er eines öffentlichen Gegenstücks. Die Vergesellschaftung der Daseinsvorsorge ist der Hebel, der aus vereinzelten Anstrengungen eine gemeinsame Sache macht. Und auch diesen Hebel müssen wir uns aus lauter ersten und weiteren Schritten zusammenmontieren. Die Beiträge in diesem Band nennen viele bereits jetzt mögliche Maßnahmen: Share Deals in der Landwirtschaft können verboten werden (bei denen Großkonzerne unter Umgehung des Vorkaufsrechts für Landwirt*innen Boden aufkaufen). In einzelnen Bundesländern und Stadtstaaten können kommunale Träger für Pflegeeinrichtungen geschaffen werden und private stärker kontrolliert werden. Und gerade, wo Standortschließungen drohen, können ausgehend von Vorschlägen der Belegschaft neue, öffentlich mitfinanzierte Prioritäten in der Produktion durchgesetzt werden. Durch solche Schritte beginnt sich abzuzeichnen, was möglich wäre: das gute Leben für alle.

Die ökologische Krise aktiv anzugehen, verspräche, die verschiedenen Einzelansprüche auf Freiheit überhaupt erst vereinbar zu machen. Es verspräche aber auch eine größere Freiheit. Denn ist das nicht der ultimative Luxus, dass dieser wunderschöne, feuchte, diversitätsstrotzende Planet nicht abstirbt? Dass wir weiterhin aus Werken und Wissen unzähliger vorheriger Generationen schöpfen können? Dass wir als Protagonist*innen der Geschichte die Zukunft und unsere Wirtschaft planen können? Es wäre die Freiheit, hierzubleiben, mit all den anderen Menschen und all den anderen Arten. Unsere Aufgabe ist groß und revolutionär: für wirkliche Fülle zu sorgen.

Zu den

Lemon Banhierl hat Philosophie und politische Ökonomie in Berlin und Koblenz studiert. Nin ist Gründungsmitglied von communia, bei »Deutsche Wohnen & Co. enteignen« aktiv und hat die Vergesellschaftungskonferenz 2022 mitorganisiert. Lemon forscht zum Verhältnis von Staat und sozialen Bewegungen und arbeitet an Vergesellschaftungsperspektiven in den Bereichen Energiewende und Wohnen.

Fatim Selina Diaby arbeitet als Projektleitung beim Bundesverband der BUNDjugend zu Klimagerechtigkeit, Kapitalismuskritik und Dekolonialisierung. Sie ist antirassistisch und klimagerecht organisiert, u. a. bei der Schwarzen Gruppe Black Visions and Voices aus Tübingen und dem Klima- und Umweltgerechtigkeitskollektiv Black Earth in Berlin. Unter @fatimselina schreibt sie für eine dekolonial-feministische Wirklichkeit.

Nancy Fraser ist eine bedeutende Feministin und Professorin für Philosophie an der New School in New York. In ihrem aktuellen Buch »Der Allesfresser« zeigt sie, wie Rassismus, Care-Krise, Klimazerstörung und Demokratieabbau mit dem kapitalistischen Gesellschaftssystem verwoben sind und mit welchen neuen Allianzen ein Sozialismus für das 21. Jahrhundert erkämpft werden kann.

Autor*innen

Barbara Fried ist leitende Redakteurin der Zeitschrift *LuXemburg* und stellvertretende Direktorin des Instituts für Gesellschafsanalyse der Rosa-Luxemburg-Stiftung. Sie hat 2014 das Netzwerk Care Revolution mitgegründet, ist Mitglied der Partei DIE LINKE und interessiert sich für Fragen eines klassenpolitischen Feminismus.

Justus Henze studierte in Hamburg und Berlin Sozialökonomie und Urbanistik. Er ist bei »Deutsche Wohnen & Co. enteignen« aktiv, organisierte die Vergesellschaftungskonferenz 2022 mit und arbeitet bei communia zur Vergesellschaftung der Energiewende. Er forscht zusätzlich zu demokratischer, ökonomischer Planung und hat ein politisches Netzwerk zur Weiterentwicklung von Planungsmodellen mitaufgebaut.

Vincent Janz ist Mitgründer von communia und engagiert sich dort für eine demokratische Wirtschaft und Öffentlichen Luxus. Er war Projektkoordinator für die Vergesellschaftungskonferenz, die 2022 in Berlin stattfand, und studierte in Maastricht, Wien und an der Hochschule für Gesellschaftsgestaltung (Koblenz) Sozial- und Politikwissenschaften sowie politische Ökonomie.

Simin Jawabreh absolviert an der Freien Universität Berlin ihren Master in Politikwissenschaft und arbeitet als studentische Hilfskraft an der Humboldt-Universität zu Berlin im Bereich Politische Theorie und in der politischen Bildungsarbeit zu Dekolonialismus, Marxismus und Sicherheit. Sie ist in antirassistischen Bewegungen aktiv und schreibt journalistisch. Auf Instagram (@siminjawa) bloggt sie als »Professionelle Krawallbarbie«.

Anne Klingenmeier studierte Ökologische Landwirtschaft in Witzenhausen und den MA Transformationsstudien an der Europa-Universität Flensburg. Sie hat in verschiedenen landwirtschaftlichen Betrieben gearbeitet, ist Mitglied bei der Arbeitsgemeinschaft bäuerliche Landwirtschaft (AbL) und befasst sich mit dem Potenzial von Commons-Theorien und Kommunalpolitik im ländlichen Raum für eine sozialökologische Transformation im Agrarbereich.

Gesine Langlotz arbeitet seit vielen Jahren in der Landwirtschaft und ist auf hochstämmigen Obstbau und die Ausbildung von Baumwart*innen spezialisiert, um mehr klimaschützende Gehölze in die Landwirtschaft zu bringen. Sie ist politisch in der Arbeitsgemeinschaft bäuerliche Landwirtschaft (AbL) organisiert und setzt sich dort für Existenzgründungsförderungen und eine gerechte Bodenpolitik ein.

George Monbiot ist Schriftsteller, Journalist und Klimaaktivist. Er lebt in Oxford und ist Autor von »Verwildert« (2021) und »Neuland« (2022). Er ist Kolumnist bei der Tageszeitung *The Guardian* und prägte im angelsächsischen Raum den Begriff Öffentlicher Luxus *(public luxury)* als Gegenstück und Bedingung für private Suffizienz *(private sufficiency)*.

Eva von Redecker ist Philosophin und Autorin. Ausgebildet in Tübingen, Cambridge und Potsdam hat sie an der Humboldt-Universität zu Berlin und der New School in New York unterrichtet und sich dort mit sozialem Wandel, Eigentum und Herrschaft befasst. Ihr jüngstes Buch »Bleibefreiheit« ist ein Appell für eine Verzeitlichung unseres Freiheitsbegriffs.

Astrid Schöggl ist Referentin für ökologische Ökonomie und Umweltpolitik in der Arbeiterkammer Wien, der gesetzlichen Vertretung von Arbeitenden in Österreich. Sie studierte Socio-Ecological Economics and Policies an der Wirtschaftsuniversität Wien und befasst sich damit, wie ein sozialer und ökologischer Umbau der Wirtschaft im Interesse der Arbeitenden gelingen kann.

Lukas Warning ist Politischer Ökonom und Mitgründer von communia. Er studierte in Maastricht, Toulouse und Koblenz. Er war als Bildungsreferent für Klimagerechtigkeit tätig, gründete und koordinierte das zivilgesellschaftliche Aktionsbündnis Wachstumswende Bremen und arbeitete als Campaigner und Referent für die sozialökologische Transformation bei Oxfam Deutschland.

Max Wilken hat in Maastricht, Freiburg und an der Hochschule für Gesellschaftsgestaltung in Koblenz politische Ökonomie studiert. Aktuell promoviert er zum Potenzial von Demokratisierung für eine sozialökologische Transformation der Automobilindustrie. Er ist Mitgründer von communia und hat die Vergesellschaftungskonferenz 2022 mitorganisiert.

Alex Wischnewski arbeitet für die Rosa-Luxemburg-Stiftung zur transnationalen Vernetzung von feministischen Bewegungen inner- und außerhalb von Institutionen. Sie hat 2014 das Netzwerk Care Revolution sowie 2017 die Initiative #keinemehr gegen Femizide mitgegründet und beschäftigt sich mit der Verbindung zwischen Care- und Gewaltverhältnissen. Sie ist aktiv in DIE LINKE.

Zu den Herausgeber*innen

communia wurde 2020 gegründet und entwickelt Strategien für eine demokratische Wirtschaft, Vergesellschaftung und Öffentlichen Luxus. Dazu unterstützt communia soziale Bewegungen, die sich für Vergesellschaftung einsetzen und alternative, öffentliche und demokratische Eigentumsmodelle erproben. Wir gestalten Politik, forschen und entwickeln neue Erzählungen für eine Wirtschaft, die den Vielen dient – weil sie den Vielen gehört.

Die **BUNDjugend** ist der unabhängige Jugendverband des BUND (Bund für Umwelt und Naturschutz Deutschland e. V.), ist in ganz Deutschland aktiv und engagiert sich für Umweltschutz und globale Gerechtigkeit. Sie steht für eine Welt ein, in der alle – auch zukünftige Generationen – ein gutes Leben führen können, ohne auf Kosten anderer oder der Umwelt zu leben.

Der vorliegende Band wurde von der Rosa-Luxemburg-Stiftung mitfinanziert, der die Herausgeber*innen dafür herzlich danken.

Bibliografische Informationen der Deutschen Nationalbibliothek
Die Deutsche Nationalbibliothek verzeichnet diese Publikation in der Deutschen Nationalbibliografie; detaillierte bibliografische Daten sind im Internet über http://dnb.dnb.de abrufbar.

1. Auflage 2023

Franz-Mehring-Platz 1, 10243 Berlin

Gestaltung: Andreas Homann

Das Motiv der Einbandinnenseiten ist auch als von Andrea Dieck gestaltetes Poster erhältlich und kann beim Verlag bestellt werden.

Lektorat: Britta Grell/TEXT-ARBEIT, Berlin
Druck und Bindung: Friedrich Pustet, Regensburg

MIX
Papier | Fördert gute Waldnutzung
FSC® C014889

Printed in Germany
ISBN 978-3-320-02414-7